미디어와 뉴스

에듀컨텐츠·휴피아
CH Educontents·Huepia

서 문

지금까지 미디어를 학생들에게 가르치면서 여러 가지 자료를 사용했다. 또한 미디어는 실용 학문이기 때문에 이론뿐만 아니라 실무를 과거 언론 현장 경험에 기반해 전달하려고 노력했다. 학생들로부터 책을 가지고 체계적으로 공부를 하고 싶다는 목소리가 종종 들렸다. 늦게나마 그 요구에 부응해 이제야 책으로 나오게 되었다. 미흡한 것이 너무도 많지만 더 이상 미룰 수가 없어 졸고를 출간할 용기를 냈다.

1부와 2부로 구성된 이 책에서 1부는 1장부터 5장까지로 미디어와 민주주의에 관해 다루고, 2부는 6장부터 10장까지 미디어와 뉴스에 영향을 미치는 요인들을 논의한다. 제1장은 미디어에 대한 이해를 넓히는 기회가 될 것이다. 제2장은 민주주의와 미디어가 어떻게 관련이 있는지 다룬다. 제3장은 오늘날 탈진실의 시대에 저널리즘이 무엇인지 다시 생각해 본다. 제4장은 미디어와 여론이 어떻게 관련이 있는지 살펴본다. 제5장은 뉴스와 뉴스 생산 과정에 대해 알아본다. 제6장은 미디어와 뉴스에 영향을 미치는 언론사 내적 요인을 논의한다. 제7장은 미디어와 뉴스에 영향을 미치는 언론사 외적 요인을 다룬다. 제8장에서는 언론 관련 법·정책·윤리 등 제도적 요인을 검토한다. 제9장에서는 뉴스 여과장치로써 뉴스의 정보원에 관해 알아본다. 제10장은 뉴스 여과장치로써 이념에 대해 생각해 본다.

미디어와 뉴스에 대해 이해를 넓히고자 하는 분들께 조금이라도 도움이 되기를 소망한다. 인고의 세월 속에 지금까지 묵묵히 지켜봐 주신 박순배 어머니께 이 책을 바친다. 촉박한 일정에도 불구하고 책 출판을 허락해 주시고 애써주신 도서출판 에듀컨텐츠휴피아의 이상열 대표를 비롯한 임직원 여러분께 진심으로 감사의 말씀을 드린다.

저자 사 은 숙

목 차

제1부 미디어와 민주주의 ··· 3

제1장 미디어의 이해 ·· 5
1. 미디어의 개념 ·· 5
2. 미디어의 종류 ·· 6
3. 미디어의 역할 ·· 21

제2장 민주주의와 미디어 ·· 27
1. 민주주의 이해 ·· 27
2. 민주주의와 미디어의 관계 ··· 30
3. 한국 언론의 역할 ·· 32

제3장 탈진실 시대의 저널리즘 ·· 39
1. 저널리즘 이해 ·· 39
2. 저널리즘 역할의 연구 및 실제 ······································ 41
3. 저널리즘의 발전 평가 ·· 46

제4장 미디어와 여론 ·· 51
1. 공론장 이해 ·· 51
2. 미디어 사회와 여론 ·· 58
3. 여론의 이해 ·· 60

제5장 뉴스와 뉴스 생산 과정 ·· 73
1. 뉴스의 이해 ·· 73
2. 언론의 선택기제: 뉴스가치와 게이트키핑 ···················· 75
3. 전통 언론의 뉴스 생산 과정 연구 및 실제 ·················· 78

제2부 미디어/뉴스에 영향을 미치는 요인 ················· 87

제6장 미디어/뉴스에 영향을 미치는 내적 요인 ············· 91
1. 언론사 내적 영향요인 이해 ································· 91
2. 언론사주와 언론의 공공역할 ······························· 95

제7장 미디어/뉴스에 영향을 미치는 외적 요인 ············ 101
1. 언론사 외적 영향요인 이해 ······························· 101
2. 광고와 언론의 관계 ··· 106

제8장 언론 관련 법·정책·윤리 등 제도적 요인 ············ 113
1. 언론 관련 법·정책·윤리 등 제도적 영향요인 이해 ········ 113
2. 강력한 영향요인으로서 법적 송사 ······················· 116

제9장 뉴스 여과장치로써 뉴스의 정보원 ··················· 125
1. 뉴스 정보원/취재원 이해 ································· 125
2. 언론과 뉴스 정보원의 관계 ······························· 128

제10장 뉴스 여과장치로써 이념 ································ 135
1. 반공주의 이해 ·· 135
2. 한국에서 반공주의 ·· 139

참고문헌 ··· 147

부 록 ··· 157

미디어와 뉴스

사은숙 · 著

에듀컨텐츠·휴피아
CH Educontents·Huepia

제1부. 미디어와 민주주의

제1장 미디어의 이해

제2장 민주주의와 미디어

제3장 탈진실 시대의 저널리즘

제4장 미디어와 여론

제5장 뉴스와 뉴스 생산 과정

에듀컨텐츠·휴피아
CH Educontents·Huepia

제1장. 미디어의 이해

대중 소통의 중심에 미디어가 있다. 기술이 발전하면서 미디어도 함께 발전과 변화를 계속하고, 그에 따른 대중 소통 방식에도 많은 변화가 지속되고 있다. 먼저, 미디어는 무엇이며, 기술 발전과 함께 미디어가 어떻게 발전해 왔는지 종류를 살펴보고, 또한 우리가 사는 사회에서 미디어의 역할은 무엇인가 알아보기로 한다.

1. 미디어의 개념

1) 미디어란?

미디어(media)는 정보를 대중에게 전달하는 중간 매개체다. 매스 커뮤니케이션 즉 대중 소통의 관점에서는 송신자가 정보라는 메시지를 미디어라는 채널(channel)을 통해 수신자에게 전달하는 것이 된다. 정보/메시지는 뉴스, 오락, 스포츠, 광고 등은 물론 시사적인 사안, 의견 교환, 논평 및 여론까지 다양하다. 미디어라는 용어는 언론, 대중 매체, 매스컴, 매스 미디어 등 다양한 용어로 사용되기도 한다. 사용하는 단어들 사이에 약간의 차이가 존재하는 것도 부정할 수 없다. 그러나 이 책을 읽으면서 때로는 언론, 미디어, 대중 매체, 또는 매스컴이나 매스 미디어라는 용어를 접하게 될 수도 있겠으나, 이 단어들은 미디어를 의미하는 것으로 이해해도 무방하다.

기술이 발전하면서 대중 소통 방식에도 많은 변화가 이어지고 있다. 매스 커뮤니케이션 즉 대중 소통은 송신자가 정보를 인쇄미디어, 방송미디어 또는 뉴미디어(인터넷, 팟캐스트, SNS 등) 등을 통해 수신자에게 전달하면, 수신자는 자신의 선호나 이용의 편리에 따라 미디어를 선택해 정보를 얻는 것이라고 할 수 있다. 전통적 방식의 대중 소통은 미디어가 정보를 생산해 일방적으로 전달하면, 수신자는 신문이나 잡지 같은 인쇄미디어, 또는 라디오나 텔레비전 같은 방송미디어를 통해 정보를 수동적으로 얻는 활동이었다. 그러나 오늘과 같은 디지털 미디어 환경에서는 정보 생산자와 수용자/이용자가 구분 없이 인터넷이나, 팟캐스트, SNS 등 다양한 뉴미디어를 통해 정보를 주고받는 활동으로 변화 및 확장했다고 할 수 있다.

기술이 발전하고 미디어 환경이 변화하면서 대중 소통에 있어 정보 생산자와 수신자의 관계에도 큰 변화가 왔다. 즉, 정보 생산자와 수신자가 명확하게 구분이 되었던 전통 미디어 환경에서는 신문이나 방송과 같은 언론이 정보를 일방적으로 생산해 수신자에게 전달하는 일방향소통이 이루어졌다. 또한 뉴스 생산은 언론사에 소속된 기자만이 할 수 있었다. 그러나 지금의 디지털 미디어 환경에서는 인터넷과 같은 뉴미디어를 통해 정보를 활발하게 주고받을 수 있는 쌍방향 소통이 이루어질 수 있다. 또한 뉴스 생산도 기자만이 아니라 일반 시민도 얼마든지 할 수 있게 되었다. 즉, 오늘의 디지털 미디어 환경에서는 정보이용자도 과거 수동적인 수신자에서 능동적인 미디어 이용자이며 생산자의 관계로 변화해 왔다고 할 수 있다.

2. 미디어의 종류

과거부터 현재에 이르는 미디어의 발전과 변화 과정은 과학기술의 발달과 함께하고, 미디어의 종류도 마찬가지로 과학기술이 발전하면서 지속적으로 변화하고 확장해 왔다. 간략하게 미디어의 발전 과정을 살펴보면, 초기에는 인쇄술이 도입되면서 활자/인쇄미디어를 시작으로 이후 전파/영상/방송미디어를 거쳐 오늘의 정보통신 미디어와 같은 뉴미디어에 이르고 있다. 그러면 좀 더 세부적으로 이런 미디어는 무엇이고 어떤 것들이 있는지 알아보기로 한다.

1) 활자/인쇄미디어

역사적으로 가장 오래된 대중소통 수단은 활자/인쇄미디어라고 할 수 있다. 활자미디어 또는 인쇄미디어는 활자로 된 인쇄물에 의해 정보를 전달하는 매체라고 할 수 있다. 여기에는 책, 신문, 잡지, 팸플릿 등이 대표적이다.

(1) 신문

4대 (신문, 잡지, 라디오, 텔레비전) 대중 매체 가운데 가장 오래된 미디어는 신문이라고 할 수 있다. 신문의 역사 연구자들은 고대 로마제국 시대의 행정 방침이나 포고령 등을 석고에 새겨 게시판처럼 세워 로마 시민에게 공지했던 '악타디우르나(Acta Diurna)' 같은 공시(일반에게 널리 알림) 방법에서 중세의 담화 신문, 서한 신문, 필사 신문까지 모두 신문의 역사에 포함시키고 있다. 초기의 신문 형태는 국가기관에서 발행하는 관보의 성격을 지닌다. 관보는 관청이나 공공기관에서 명령, 고시, 기타 고지 사항들을 일반인에게 알리기 위해 발행하는 인쇄물이다 (이상훈·김요한, 2013: 167).

우리나라 최초의 근대적 신문은 《《한성순보》》로 1883년(고종 20년) 10월에 발간됐다. 이 신문은 구한말 정부가 통리아문(외교통상부)에 박문국을 설치해 24쪽의 순보(열흘에 한 번 발행하는 신문)로 창간해 모두 한문으로 발간했던 관보의 성격을 띤다. 이는 당시 개화파가 외국의 사정을 국민에게 알려 개화사상을 불어넣으려는 일종의 계도지였다. 그러나 갑신정변이 1884년 12월 4일 발생하며 박문국이 파괴돼 《《한성순보》》는 40호를 마지막으로 폐간됐다가, 1886년 1월 한국 최초의 주간신문 《《한성주보》》로 복간돼 1888년까지 발행됐다 (172).

우리나라 근대사와 신문사에 획기적인 이정표를 세운 신문은 1896년 4월 7일에 서재필이 창간한 《《독립신문》》이다. 이 신문은 우리나라에서 최초로 한글 전용과 띄어쓰기를 과감하게 단행해서 발행된 민간 신문이었다. 이 신문의 큰 업적은 뒤에 발간되는 민간 신문 제작에 큰 영향을 미친 것은 물론, 영문판 《인디펜던트(The Independent)》를 발행해 대외관계에도 힘썼다. 1904년 7월 18일에는 《대한매일신보》라는 중요한 민족지가 창간되었다. 이 신문은 영국의 《데일리 크로니클(Daily Chronicle)》 한국 특파원으로 왔던 영국인 베셀(Bethell, E. T., 한국이름 裵說)이 창간한 것으로, 총무 양기탁을 비롯한 민족진영 인사들이 실질적인 제작을 담당했다. 이 신문의 출현은 민족진영에 큰 활력소가 되었으며 한말 항일운동의 마지막 보루 역할을 할 수 있었고, 이때부터 일본은 한국에서 발행되는 신문에 대하여 직접적인 탄압을 가하기 시작했다 (한국민족문화대백과 사전).

일제강점기는 신문의 암흑기라고 할 수 있다. 1910년 경술국치 때부터 1919년 3·1운동이 일어났던 때까지는 언론의 암흑기라고 부를 정도로 언론통제가 극심해서 우리 신문은 모두 사라졌다. 총독부는 대한제국 말기에 발행되던 다양한 일간 신문들을 모두 없애고 총독부 기관지 《매일신보》만 남겼다. 지방지였던 《경남일보》는 경술국치 이후 격일간으로 꽤 오랫동안 발행되다가 1914년 무렵에 폐간되었다. 3·1운동 뒤 일제는 무단정치를 문화정치로 바꾸면서 엄격히 제한했던 한국인의 발행 허가를 조금 완화해서 몇 개의 신문·잡지를 발간하게 했다. 그러나 일제가 식민지정책을 바꾸기 전부터 3·1운동과 일제에 저항하는 민족언론은 지하에서부터 싹트기 시작했고, 해외에서도 여러 종류의 항일저항 언론 활동이 활발하게 전개됐다. 대표적인 것으로 국내의 지하신문인 《조선독립신문》(1919.3.1)이 있었고, 해외에서는 상해의 《독립신문》(1919.8.21), 미국의 《신한민보》 등을 들 수 있다. 1920년에는 3개의 한국어 신문, 《조선일보》·《동아일보》·《시사신문》을 새로 허가해 줬다. 그러나 1921년 《시사신문》이 폐간되자, 1924년에 《시대일보》가 최남선에 의해 창간되며 한국인이 발행하는 민간지는 또다시 세 개가 되었다 (한국민족문화대백과 사전).

광복 후의 신문은 혼란기를 겪었다. 1945년 8월 15일 광복을 맞으며 언론계는 그동안 억압에서 벗어나 제일 먼저 활기를 되찾았다. 일제 식민 통치 시기와 달리 미군정은 언론의 완전한 자유를 약속하며 허가제가 아닌 등록제로 바꾸고, 누구나 자유롭게 신문을 발행할 수 있도록 했다. 1948년 8월 15일에 수립된 대한민국 정부는 미군정하의 언론정책을 대부분 그대로 이어받았다. 1960년에 일어난 4·19혁명은 언론에 완전한 자유를 다시 한 번 만끽하게 해줬다. 검열을 통한 언론탄압으로 그동안 폐간되었던 《경향신문》이 다시 복간되었고, 헌법을 비롯한 법적인 면에서도 언론의 자유를 완전히 보장했다 (한국민족문화대백과사전). 그러나 이런 자유는 오래 가지 못했다.

박정희와 전두환의 엄혹한 군사정권 하에서 한국 신문은 심각한 제한이 이어졌다. 박정희 정부는 출판물에 대한 억압적인 정책을 펼치며 모든 신문, 잡지 특집 기사, 만화, 사설, 사진 및 외국 뉴스에 대한 사전 검열을 명령했다. 그 후 사전 검열은 언론의 자체 검열로 이어졌다. 많은 언론사들은 1961년과 1972년에 통폐합되었다. 1974년 긴급조치 제4호를 선포해 연방 및 그 회원국과 관련된 논문, 서적, 디스크 및 기타 프레젠테이션을 출판, 생산, 가공, 배포, 전시 및 판매하는 일체의 행위를 금지했다. 또한 언론자유를 외치는 많은 수의 기자들이 해고됐다. 이어진 전두환 정권에서도 출판물에 대한 억압적인 정책을 펼치며 보도 지침을 이용해 언론보도를 규제했다. 1980년 12월 가장 엄혹한 언론기본법을 제정 또다시 언론사들이 통폐합되었고 다수의 기자들이 해고됐다. 이 두 정권 동안, 신문은 엄격하게 제한되었고 주로 길들여진 언론으로 기능했다. 언론을 다루는 20여개의 다른 법률들이 있었고, 반복된 언론 통폐합으로 1980년대에 언론의 독점 구조가 형성됐다 (Sa, 2009c).

1987년 민주화를 기해 언론은 자율 경쟁기에 접어들었다. 1987년 집권당인 민주정의당의 '6·29선언'의 핵심은 대통령을 직선으로 선출하는 개헌과 언론의 자유를 최대한 보장하겠다는 내용이었다. 6·29선언이 있었던 이듬해에 《한겨레신문》(1988.5.15)을 필두로 《국민일보》(1988.12.10), 《세계일보》(1989.2.10) 등의 종합일간지가 새로 창간되었고, 경제지와 특수지들도 나오게 되었다. 지방에서는 언론 통폐합 때 폐간되었던 신문들이 복간되었고, 또 새로운 신문들이 창간되었다. 1965년 《《중앙일보》》가 창간된 이후 새로운 종합일간지가 등장한 것은 이때가 처음이었다 (한국민족문화대백과 사전).

21세기 들어 정보통신기술의 발달로 인터넷과 스마트폰 등 뉴미디어의 영향으로 종이신문은 물론 인쇄 언론의 급격한 쇠퇴를 마주하고 있다. 따라서 종이신문 업계는 사양산업이며 구독률이 현격하게 줄어들고, 이런 추세는 우리나라뿐만 아니라 전 세계적으로 진행되고 있다. 그러나 우리나라 신문은 '발행 부수 부풀리기'와 연결돼 신문 지국에 들어오는 60% 정도는 배달이 되고, 나머지는 폐기 처분되거나 동남아시아에 포장용으로 수출되고 있는 실정이다. 디지털 시대 생존 위기를 마주하고 있는 신문은 과거 독과점을 벗어나 지나친 광고의존에 기반을 둔 경영에서 과감하게 탈피해 생성형 AI 시대에 살아남기 위한 대비가 시급하다.

(2) 잡지

잡지는 이용자나 책의 성격에 따라 여러 가지 내용을 담고 있는 정기간행물이다. 영어 단어 'magazine'은 원래 '창고'라는 뜻의 프랑스어 'magasine'에서 유래됐다고 한다. 세계 최초의 잡지는 프랑스에서 1665년에 발행된 《《르 주르날 데 사방(Le Journal des Savants)》》이다. 이 잡지는 주로 신간 도서의 줄거리, 과학이나 문학에 대한 새로운 지식을 소개했다. 이후로 비슷한 잡지들이 유럽 대륙과 영국에서 발행됐고, 점차적으로 시사적인 논평이나 여러 가지 내용을 다루기 시작했다. 19세기 중반 이후 일반 국민을 상대로 한 간단한 읽을거리로서 대중잡지의 발행이 미국과 유럽의 주요 국가에서 활발하게 나오게 됐다. 특히 광고를 기반으로 한 상업 잡지가 번성하면서 잡지를 싸게 팔 수 있게 되었다. 20세기 초 미국에서는 급격한 산업화로 인한 부정과 비리 등을 들춰내는 '추문폭로 잡지(muckraking magazine)'가 유행하기도 했다 (이상훈·김요한, 2013: 182-183).

한국에서는 잡지가 1890년대 처음 등장하게 되었다. 최초의 잡지는 1892년 1월 미국 선교사가 창간한 《《코리안 리포지터리(Korean Repository)》》라는 영문 잡지였다. 한국인이 발행한 것으로는 1896년 2월 일본에서 '대조선인일본유학생친목회'가 창간한 《《친목회회보》》를 들 수 있다. 같은 해 1896년 11월 30일 독립협회가 발간한 《《대죠선독립협회보》》는 국내에서 한국인이 발간한 첫 잡지였다. 이후 1908년 11월 1일 더 발전한 본격적인 최초의 종합 잡지로 최남선이 창간한 《《소년》》을 들 수 있다. 현재 우리나라에서는 《《소년》》이 창간됐던 11월 1일을 잡지의 날로 기념하고 있다 (183-184).

일제 강점 직후 식민통치에 의한 강력한 탄압으로 오랫동안 종교 잡지와 문예 잡지만 겨우 명맥을 이어 나갔다. 대표적인 문예지로는 1919년 2월에 창간된 최초의 문예지 《《창조》》와 1920년 7월에 창간된 《《폐허》》, 1922년 1월에 창간된 《《백조》》 등이 있었다. 1920년대 이후에는 민족주의나 사회주의 계열의 잡지와 계몽주의 성격의 여성 잡지 등이 출간됐다. 1920년에 창간된 《《개벽》》은 당시를 대표하는 잡지로 통권 제72호로 발행 금지될 시점까지 33회나 압수당하거나 벌금형을 받았다. 해방 직후 언론의 자유가 향상되면서 수많은 잡지가 봇물 터지듯 쏟아져 나왔는데 《《사상계》》, 《《현대공론》》, 《《현대문학》》, 《《여성계》》, 《《학원》》 등 건전하고 대중성 있는 잡지들이 발행됐다. 또한 인쇄 기술이 발전하면서 수준 높은 잡지 제작도 가능해졌다. 더 나아가 1960년대 이후에는 경제개발과 함께 판형이 커지고 컬러 면이 증가하는 등 잡지의 시각화가 시작됐다. 이런 추세로 1975년에는 정기간행물 수가 1천여 종을 넘을 정도로 활성화됐다. 그러나 1980년 군사쿠데타 세력에 의해 다수의 잡지가 폐간됐고, 주로 신문사가 잡지 발행을 하게 되었다. 이후 언론기본법이 폐지되면서 잡지 발행은 다시 증가했고, 1990년대 이후의 잡지는 분야별 전문화와 다양화가 이루어지고 제작 공정도 디지털화되기 시작했다 (184).

오늘날은 디지털 기술이 발전해 인터넷 등 뉴미디어의 영향으로 잡지의 영향력은 90년대 전성기 때보다 현격하게 쇠퇴했다. 이렇게 되면서 무기한 정간되거나 폐간되는 잡지가 속출하고 있는 실정이다. 주목할 변화는 스마트폰의 등장으로 오프라인 상태의 순수 인쇄 잡지보다는 스마트폰 앱과 여러 가지 광고가 결합된 형태의 온라인 잡지들이 늘어나고 있는 추세다.

2) 전파/영상/방송미디어

전파미디어, 영상미디어, 방송미디어는 정보나 작품을 전파나 영상을 이용해 전달하는 매체다. 대표적 전파/영상/방송미디어는 영화, 라디오, 텔레비전, 레코딩 등이 있다.

(1) 방송의 발달

방송의 출발은 라디오에서 시작됐다. 라디오가 사람들에게 명확하게 인식되기 시작한 것은 1912년 타이타닉 호 침몰 사건이 계기가 되었다. 당시 타이타닉 호의 침몰 소식을 접하고 72시간 동안 교신하며 이 상황을 대중과 언론에 전한 사람은 '아메리칸 마르코니 무선전신회사'에 근무하던 데이비드 사노프(David Samoff)였다. 후에 사노프는 미국라디오주식회사(RCA, Radio Corporation of America)의 총지배인이 되어 라디오 보급에 노력했고, 다가올 텔레비전 시대를 예견하며 NBC 방송국 설립에 참여해 텔레비전을 보급하고 확산하는 데 이바지했다 (이상훈·김요한, 2013: 199-200).

1920년 1월 미국 워싱턴의 아나고스티아 해군 비행장에서 군악대 연주가 방송되었는데, 이것이 세계 최초로 방송 전파가 발사된 것이다. 정규 라디오 방송국의 시작은 같은 해 11월 웨스팅 하우스의 KDKA국이 개국해 속보로 내보낸 대통령 선거 방송이었다. 1922년 개국한 AT&T가 세운 WEAF는 처음으로 라디오 광고 방송을 내보냈다. AT&T는 방송 프로그램을 유료로 전송해 주듯이 방송을 통해 기업의 제품을 소개해 주는 대가로 광고 요금을 받았는데, 이것이 커머셜(commercial)이라 불리는 방송 광고였다. 이후 각 가정에 라디오가 급속하게 보급되면서 광고주는 제품을 판매하기 위해 라디오에 의존했고, 그 결과 엄청난 규모의 청취자를 대상으로 광고를 할 수 있게 됐다 (200).

 텔레비전 방송을 처음 실행한 나라는 독일로, 1928년부터 다섯 개 방송국에서 실험 방송을 진행했다. 1935년 3월 22일부터 베를린에서 최초로 방송이 시작했는데, 일주일에 사흘간 하루 한 시간 반씩 방송했다. 특히 1936년 올림픽 기간에는 텔레비전 수상실을 시내 28개 장소에 설치해 경기 실황을 중계하기도 했다. 1936년 11월 2일 영국 BBC가 세계 최초의 정규 텔레비전 방송을 시작했다. 미국은 1952년 포틀랜드에서 정규 방송을 시작했고, 일본은 1953년 NHK 동경 텔레비전 방송국이 정규 방송을 시작했다 (200-201).

(2) 한국의 방송

 한국 방송도 우리나라 근대사만큼이나 역동적인 역사가 있다. 일제 식민지 시기부터 해방과 전쟁·분단, 오랜 권위주의와 급속한 경제발전, 이어 뒤늦은 민주화로 급격한 변화를 특징으로 하는 한국의 근대사에서 큰 화두 중의 하나는 역시 '발전'이다. 방송 역시 예외가 아니어서 경제 규모의 비약적 증가만큼이나 한국 방송도 양적 팽창을 거듭했고, 이미 아시아 대중문화의 유력한 국제 흐름인 한류까지 만들어 냈다. 더 나아가 지금의 K문화는 아시아를 뛰어넘어 세계적으로도 우뚝 서게 되었다. 그러나 이러한 과정은 방송의 정치도구화, 상업화, 중앙·집중화, 관료화 등 다른 많은 문제를 낳기도 했다 (조항제, 2009: 195).

 한국 방송은 1927년 2월 16일 개국한 경성방송국(JODK)이 시작인데, 이는 일제가 식민 정책과 대륙 침략을 효율적으로 수행하기 위해서다. 해방 이후 1947년 9월 3일 국제무선통신회의(ITU)로부터 한국의 독자적인 호출 부호로 HL을 할당받았다. 우리나라에서 '방송의 날'을 9월 3일로 정한 것은 세계적으로 한국 전파의 독립성이 공인된 날을 기념하기 위해서다. 1954년 12월 15일 기독교방송(CBS)이 한국 최초로 전국 규모의 민간 라디오 방송망을 형성했다. 1959년 4월 한국 최초의 민간 상업 라디오 방송국인 부산 문화방송이 개국했다. 1960년대 들어서 MBC,

DBS, TBC 등 민간 상업방송이 개국하며 본격적인 경쟁 시대가 시작됐다. 1956년 5월 HLKZ-TV가 국내 처음으로 서울을 가시청 권력으로 하루 두 시간씩 텔레비전 방송을 시작했다 (이상훈·김요한, 2013: 201).

박정희는 1961년 쿠데타 성공 후 12월 31일 KBS TV를 개국했다. 1964년 12월 7일에는 DTV가 개국하고 1965년 11월 JBS와 합병해 TBC TV가 된다. 1969년 8월 8일에는 MBC가 텔레비전 방송을 시작하면서 본격적인 3사 시대가 시작됐다. 1973년 3월 3일 국영 KBS가 한국방송공사로 새롭게 태어나며 우리나라도 공영방송이 등장하게 됐다. 이후 1980년 전두환 신군부의 방송 통폐합으로 한국의 텔레비전 방송은 KBS와 MBC의 공영방송 이원 체제가 됐고, 1991년 SBS 개국으로 다시 공민영 체제로 전환됐다. 여기서 중요한 것은 MBC의 소유권 이전이다. 2014년 2월 현재까지 MBC 사장의 임명권과 해임권은 방송문화진흥회(이하 방문진: http://www.fbc.or.kr)가 갖고 있다. 방문진의 이사진(이사 9인과 감사 1인) 임명권은 방송통신위원회(이하 방통위: http://www.kcc.or.kr/user.do)에 있고 임기는 3년이며, 방통위 위원장은 대통령이 임명한다. MBC의 사장 임명과 해임 및 경영은 방문진의 관리와 감독을 받는다.

MBC는 원래 부산의 거부 김지태(1-3대 MBC 사장)에 의해 시작된 민영방송이었다. 1959년 김지태가 부산 문화방송을 인수해 1961년 서울에 MBC를 설립한 것이다. 당시 김지태는 국회의원을 역임하고, 《부산일보》, 《문화방송》, 삼화고무 등의 회사를 설립해 운영하며, 부일장학회를 만들어 장학 사업도 하고 있었다. 그러나 5.16 쿠데타로 집권한 박정희는 김지태를 부정 축재자 혐의로 구속하고 7년 형을 구형했다. 그리고 재산을 기부하면 석방해 주겠다고 제안해 김지태는 결국 자신이 소유하고 있던 《부산일보》, 《부산 MBC》, 《MBC》, 부일장학회를 나라에 헌납하게 된다. 이후 부일장학회는 5.16장학회로 변경되었다 다시 정수장학회(박정희의 '정'과 육영수의 '수'를 딴 이름)로 이름을 바꿨다. 국가에 헌납한 장학회의 이사장은 줄곧 박정희의 측근이 맡았고, 전두환 정권 출범 이후에는 박근혜가 이사장을 맡았으며, 이후에는 최필립이라는 박근혜 최측근이 이사장을 역임했다. 박근혜가 대통령으로 취임한 2013년 4월에는 김삼천이 신임 이사장으로 선임됐다. 김삼천은 대구 출신으로 정수장학회 장학생 출신들의 모임인 '상청회' 회장을 지내고, '한국문화재단'(이사장: 박근혜)의 감사로 활동한 인물이다 (203). 2024년 현재 정수장학회는 《부산일보》 주식 100%, MBC 주식 30%, 《경향신문》 사옥 723평 외 현금도 많이 소유하고 있다.

현행 법규상으로는 방통위가 방문진 이사 아홉 명 전원을 선임하게 되어 있으나, 관행적으로는 여당 여섯 명, 야당 세 명씩 이사진을 추천한다. KBS 이사의 경우에는 여당 일곱 명, 야당 네 명씩 이사 선임권을 행사해 왔다. 방통위는 여당 추천 상임위원 세 명(위원장 포함)과 야당 추천 상임위원 두 명으로 구성된다. 요약하면, 현재의 한국 공영방송은 정권의 입맛에 맞는 사람을 사장으로 낙점할 수 있는 구조이다. 정권이 바뀔 때마다 방송의 공정성 시비가 불거진 것도 이와 같은 관행 때문이다 (203-204).

현재의 방송계는 인터넷 등 뉴미디어의 등장으로 많은 변화를 불러오고, 전통 언론의 활용 가치와 영향력도 예전과는 다르게 감소하는 추세다. 공영방송사 언론인들이 SNS 채널을 만드는 등 뉴미디어 환경에서 살아남기 위해 발버둥 치고 있다. 2017년부터 소셜미디어에서 뉴스를 소비하는 시청자들이 비약적으로 늘어나면서, 30%를 오르내리던 TV 뉴스 시청률이 10%를 간신히 웃돌거나 이에 미치지 못하는 상황이 되었다. 지상파 뉴스 시청률이 10% 미만인 시대에서 공영방송사 언론인들이 변화된 방송 환경에 적응해야만 한다는 위기를 극복하는 한 방편으로 모바일 채널을 만드는 등 노력하고 있다 (손재일·전기영, 2023: 26).

이런 변화 속에 지역방송의 위기는 더 심각하다. 이에 능동적으로 대처해야 한다는 주장이 지속돼 왔고, 미디어 환경 및 뉴스 생태계의 변화를 둘러싼 지역방송 종사자들의 경각심은 더 절박하다. 디지털 플랫폼이 지역방송 환경에 미치는 영향력과 이에 대비하기 위해 지역방송이 혁신과 변화를 거듭해야 한다는 자각의 목소리가 분출했다 (한선, 2023: 189). 전통 시사물 성격의 VCR 현장취재가 포함된 심층시사가 줄

어드는 대신, 패널이 출연해 각종 이슈를 해설하고 평론하는 대담 및 토크 형식의 프로그램이 늘어나고 있다. 이는 우리나라 방송 저널리즘에 종합편성채널(종편)이 도입된 뒤 나타난 방송저널리즘 포맷 변화의 연장선에 있는 현상이라고 할 수 있다. 2010년 미디어법 개정으로 출범하기 시작한 종편은 출범 초기 낮은 시청률과 제작비 문제를 타개하기 위해 시사대담 프로그램을 중심으로 한 정치평론과 보도에 주력했다. 이 포맷은 객관성을 추구하는 저널리즘 대신 정파성을 앞세운 저널리즘 전략 아래 프로그램을 제작해 언론계 안팎의 비판을 받았지만 총선과 대선이라는 정치이벤트를 거치며 성공적인 포맷형식으로 자리 잡았다 (194).

3) 정보통신미디어/뉴미디어

정보통신 미디어/뉴미디어는 전자공학 기술이나 통신 기술이 발달하면서 등장한 새로운 정보 전달 매체로, 기존의 미디어에 새로운 정보 처리 및 정보 전달 기술이 결합된 미디어라고 할 수 있다. 뉴미디어에는 인터넷, 모바일 미디어, 문자다중방송, 쌍방향 케이블방송, 위성방송 등이 있고, 이런 종류의 미디어는 신문이나 방송 등 전통적 미디어보다 상대적으로 뉴미디어라고 할 수 있다. 이런 뉴미디어의 특징은 정보의 흐름에 있어 짧은 시간에 많은 정보를 생산해 전달할 수 있고, 정보 생산 측면에서는 소수의 생산자에서 불특정 다수가 생산자이며 소비자가 될 수 있고, 대중 소통 측면에서는 정보를 수신자에게 일방적으로 전달하는 것이 아니라 쌍방향으로 소통할 수 있게 되었다.

1960년대 컴퓨터 기술이 도입된 후 정보사회라는 용어가 사용되기는 했으나 정보사회 시대 뉴미디어의 대표주자는 인터넷이다. 대중 소통에서도 인터넷을 기반으로 하는 온라인 소통이 활발하게 진행되며 다양한 사람들이 토론에 참여하고 정보를 공유하는 등 진정한 의미의 공론장을 실현할 수 있게 되었다.

언론환경이 전통 미디어에서 뉴미디어로 이동하면서 미디어 시장은 더 급속도로 변화하고 있다. 미디어 이용자들의 관심은 특정 플랫폼과 콘텐츠를 중심으로 뜨겁게 끓어올랐다가 갑자기 식어버리기도 하고, 또 다른 새로운 것을 지속적으로 추구한다. 미디어는 이런 시장의 변화에 빨리 적응해야만 살아남을 수 있다. 각 언론사에 하나쯤은 있는 디지털 뉴스 조직과 '독특한 채널'들은 국내 방송사들이 운영하는 유튜브 뉴스 채널로 변화에서 살아남기 위한 위기의식이 낳은 산물이다. 신문 지면이나 TV 방송이 아닌, 유튜브 채널이나 인스타그램, 페이스북, 틱톡 등 소셜미디어 플랫폼에 맞는 디지털 영상이나 자사 홈페이지와 포털 전용 콘텐츠, 데이터 저널리즘 또는 뉴스레터 서비스를 담당하는 기자도 점점 증가하고 있다 (박수진·조을선·장선이·신정은, 2022).

이렇게 뉴미디어 환경은 온라인과 오프라인이 상호보완하며 시너지를 내는 세상을 만들었다. 이런 변화는 코로나 팬데믹을 거치며 사회 전반에서 급속한 체제 전환이 이루어졌다. 30년 치의 변화가 1~2년 사이에 일어났다고도 한다. 하지만 기술 진보는 코로나 이전부터 변화를 감당할 준비가 되어 있었다.

미디어 콘텐츠 업계의 변화 양상도 이와 비슷하다. 오프라인에서 온라인으로, 기존 미디어(legacy media)에서 모바일 플랫폼 중심으로 바뀌면서 콘텐츠 제작 환경에도 많은 변화가 시작됐다. 관성 때문에 주춤하던 변화들이 코로나 팬데믹을 거치며 가속도가 붙은 것이다. 특히 두 가지 차원에서 큰 변화를 가져왔다고 할 수 있다. 첫째, 가장 큰 변화는 취향 기반의 분야를 콘텐츠 제작과 소비로 방향의 중심이 이동했다. 과거에는 블록버스터가 콘텐츠 산업을 주도했다면, 최근에는 다양한 취향을 고려한 아주 세분화되고 가벼운 콘텐츠가 주도하고 있다. 둘째, 디지털 중심의 플랫폼 수용도가 급증했다. 코로나 이후 집에서 소비하는 콘텐츠 수요가 급증하면서 모바일 중심의 OTT(Over The Top)와 유튜브가 큰 성장을 이뤘다 (샌드박스네트워크 데이터랩, 2021: 6-7).

4) 대안미디어/대안 언론

대안미디어(alternative media) 또는 대안 언론(alternative press/journalism)이란 '기존의 정치 질서에 편승하지 않고, 영리 추구만이 주목적인 자본주의 언론 체계를 비판하며, 제도권 미디어에 대한 대안으로 창립된 언론 조직체'를 의미한다. 그래서 대안 미디어는 상업적 거대 미디어 구조, 고착화된 소통 양식, 기성 사회질서에 대한 대안이라는 뜻이 포함된다 (이상훈·김요한, 2013: 257). 대안 미디어 유형으로는 전통적 형태의 대안 미디어, 인터넷 대안 미디어, 그리고 팟캐스트 및 유튜브가 있다.

(1) 전통적 형태의 대안 미디어

전통적 형태의 대안 미디어는 새로운 시민사회의 요구를 전달하고 신사회 운동의 확산을 목표로 하지만, 기존 언론(4대 매체와 서적 등)과 비슷한 형태의 미디어를 뜻한다. 우리나라 초기 대안 미디어가 주로 이 유형으로 주로 유력 시민사회 단체가 발행하는 신문이나, 서적, 보고서, 소식지 등이 이에 포함된다. 여기에는 첫째, 경제정의실천시민연합(이하 경실련, http://www.ccej.or.kr)에서 발행하는 뉴스레터와 격월의 《《월간 경실련》》이 대안 미디어다. 경실련은 1987년 6월 항쟁 이후 경제적 불의를 시정하기 위해 탄생한 시민운동 단체다. 주요 활동으로 재벌의 경제력 집중 저지와 중소기업 보호, 건전 재정 확보를 위한 예산 편성 및 세제 개편 대응, 한미 FTA 대응, 3대 부채 중 PF(project financing) 대출 부실 대응, 물가 대응 및 한국은행 독립성 강화 대응, 금융 문제를 비롯해 각종 정치문제나 사회문제(건강보험, 의료 민영화, 국민연금 등) 대응, 부동산 정책 정상화 활동, 통일운동 등을 펼친다 (268-269).

둘째, 전통적 형태의 대안 미디어는 민주언론시민연합(이하 민언련, http://www.ccdm.or.kr)에서 1985년 창간한 월간지 《《말》》이 있다. 민언련은 우리나라 대표적 재야 언론운동 단체로 1975년 언론 자유를 외치다

해직된 《《동아일보》》와 《《조선일보》》의 젊은 기자들과 1984년 군사정권에 의해 해직된 언론인들이 '참된 언론'을 만들기 위해 1984년 12월 19일 창립했다 (269).

셋째, 또 다른 전통적 형태의 대안 미디어로 현장의 언론인들이 발행하는 《《언론노보》》, 《《미디어오늘》》, 《《PD저널》》과 《《기자협회보》》가 있다. 기관지 《《언론노보》》와 국내 유일의 매체 비평 전문지 《《미디어오늘》》(http://www.mediatoday.co.kr)은 전국의 신문, 방송, 출판, 인쇄 등의 미디어 산업에 종사하는 노동자들이 가입한 단일 산업별 노조로 2000년 11월 24일 창립된 전국언론노동조합(이하 언론노조, http://media.nodong.org)에서 발행한다. 《《PD저널》》은 한국PD연합회(http://www.kpda.co)에서, 《《기자협회보》》(http://www.journalist.or.kr)는 한국기자협회에서 발행한다 (270).

(2) 인터넷 대안 미디어

우리나라에서 2000년 이후 인터넷 이용이 활성화되면서 등장한 온라인 대안 미디어를 인터넷 대안 미디어라고 한다. 이 미디어의 특징은 2002년 대선 전후에 탄생해 기존 전통 미디어와 다른 정치적 논조를 전파하며, 인터넷 이용이 활발한 20-40대 이용자들에게 엄청난 영향을 미치고 있다. 이런 미디어에는 《《오마이뉴스》》, 《《프레시안》》, 《《뉴스타파》》가 있다 (271).

첫째, 대표적인 인터넷 대안 미디어인 《《오마이뉴스》》(http://www.ohmynews.com)는 20세기 언론 문화와의 완전한 결별과 공정성을 상실한 한국 언론 구조에 대한 혁파를 내세우며 2000년 2월 22일 오후 2시 22분 창간됐다. '모든 시민은 기자다!'라는 슬로건을 내세우며 언론인에서 사회 활동가로 변신한 오연호에 의해 창립된 《《오마이뉴스》》는 세계에서 가장 주목할 만한 대안 미디어가 됐다. 《《오마이뉴스》》는 시민기자 제도를 도입 뉴스 생산자를 일반 시민으로 확장했다는 의미가 크다.

둘째, 또 다른 인터넷 대안 미디어인 《《프레시안》》(http://www.pressian.com)은 기존 신문사에서 일했던 경력이 있는 뛰어난 중견 기자들이 국내 유일의 인터넷 고급 정론지를 내세우며 창립됐다. 《《오마이뉴스》》와 달리 《《프레시안》》은 경력 기자들이 주를 이루는 대안 미디어로 '관점이 있는 뉴스'를 신조로 기존의 언론과는 다른 관점의 시각으로 심층 분석 기사에 주력한다. 대학 교수나 각계 분야별 전문가를 편집/전문위원, 기획위원, 고문으로 선임하여 다른 미디어보다 심층적인 기사가 많다고 할 수 있다.

셋째, 《《뉴스타파》》(http://www.newstapa.com)는 이명박 정부 들어 해직된 언론인과 언론노조가 2012년 1월 시작한 탐사보도 전문 언론이다. 2012년 1월 27일 '10.26 투표소 변경··· 선관위의 거짓말'을 중심 뉴스로 첫 방송을 시작했다. 미국의 비영리 탐사보도 전문매체인 《《프로퍼블리카》》를 모델로 하는 《《뉴스타파》》는 홈페이지와 유튜브, 팟캐스트, 포털사이트 다음을 통해 동영상 뉴스를 공급한다. 기존 언론에서 보기 힘든 파급력 있는 뉴스로 권력가들이 불편해하며, 윤석열 정부 들어 언론사 압수 수색 등 각종 송사에 시달리고 있다.

(3) 팟캐스트와 유튜브

팟캐스트(Pod cast)는 오디오 파일이나 비디오 파일 형태로 뉴스나 드라마 등 다양한 콘텐츠를 인터넷망으로 제공하는 서비스이다. 원래 팟캐스트는 지상파의 보완재로 탄생하게 되었다. 처음에 언론통제에 대한 저항세력으로 출발해서 최근에는 아주 성공적인 대안 언론으로 우뚝 섰다. 처음에 《《나는 꼼수다》》를 시작으로 주요 팟캐스터들이 여론 형성에 큰 영향을 미쳤고, 인기 팟캐스터는 자기만의 열성 팬 조직도 생기게 되었다.

그러나 유튜브는 지상파의 대체재로 그 기능을 하고 있다. 개인방송을 내세우며 시작했지만, 지금은 지상파 콘텐츠는 물론 기존 방송물의 요약판까지 등장하여 지상파를 위협하는 공룡으로까지 성장을 했다. 유튜브의 무한한 가능성을 보여 주는 좋은 사례는 유튜브에서 10억 뷰를 이룬 '싸이의 강남스타일'을 들 수 있다. 또한 유튜브가 팟캐스트보다 콘텐츠가 다양하고, 보상 체계도 우수하며, 시장도 넓다 보니 지금의 팟캐스트는 유튜브의 경쟁상대가 되지 못한다. 그런 만큼 팟캐스터는 콘텐츠를 부업과 취미로 제작했다면, 유튜버는 전업으로 생계로 콘텐츠를 제작하는 경향이 있다. 이러한 차이는 생산자가 콘텐츠를 대하는 자세에 영향을 미친다. 즉, 상품으로서의 완성도와 대중의 반응에 민감하지 않을 수 없다.

이런 이유로 생산자와 소비자의 관계에도 어느 정도 차이가 있다. 팟캐스트 청취자는 팟캐스터로부터 지식이나 정보를 얻기 원하는 경향이 높다면, 유튜브 시청자는 유튜버와 공감하고 교류하기를 더 선호하는 경우가 많다. 그래서 유튜브는 채팅창을 적극적으로 활용하고, 아프리카 TV와도 연계해서 방송을 한다. 물론 청취자에게 보이지는 않으나 채팅창을 활용하는 팟캐스트도 있으며, 보여주기만을 목적으로 하는 유튜브 콘텐츠도 대단히 많다. 이는 개인방송이라는 특성상 콘텐츠의 형식과 내용이 자유롭기 때문에 나타나는 자연스러운 현상이라고 할 수 있다.

3. 미디어의 역할

건강한 민주주의를 위해 미디어의 역할은 중요하다. 미디어가 어떻게 역할을 하느냐에 따라 민주주의 사회가 발전을 할 수도 또는 후퇴를 할 수도 있기 때문이다. 먼저, 세계화와 미디어의 관계를 알아보고 민주주의 사회에서 미디어의 역할을 살펴보기로 한다.

1) 세계화와 매스 미디어

전 지구적으로 향해가던 세계화는 2008년 글로벌 경제위기를 겪으면서 주춤하는 경향을 보이고 있다. 그렇다고 오랜 세월 흐르던 거대한 물결을 되돌리기는 쉽지 않을 것이다. 세계화는 국가들 사이의 경계를 초월하고, 각국의 규제와 법령을 허무는 비즈니스/경제 환경을 조성하는데 중점을 두고 있다. 세계 자본가들은 국제적인 경제기구들을 강력하게 만들고, 세계 금융시장으로 발전시켜 그들의 지배력을 국가 경제를 초월한 초국적 경제 산업으로 성장 및 발전시키고 확장해 왔다. 이러한 시대적 흐름은 세계화라는 구호 아래 많은 분야에서 전 지구적으로 벌어지고 있는 현상이었다. 미디어 산업 분야에선, 자유주의 언론 구조와 철학들이 신자유주의와 세계화를 통해 지속적으로 전파돼 왔다(Soros, 2004: 305). 이런 국가를 초월한 언론의 궁극적 목표는 탈규제, 민영화, 상업화로 이어진다. 언론 자본가들은 기득권층의 사회 문화적 리더십을 반영하고, 국제 자본가들의 언론 모델을 적용해 정보를 전달한다. 이러한 흐름의 강력한 영향으로 정보와 언론 문화의 세계화는 더 넓게 퍼져나간다.

세계화의 물결 속에 정치권력과 자본권력의 동맹은 점점 가까워지고 자연스럽게 되었다. 이러한 현실에서 언론의 역할 특히 권력 감시 같은 저널리즘 기능은 더욱더 절실하다. 왜냐하면, 자본권력과 정치권력이 결탁하면 진실은 아주 쉽게 외면될 수도 있기 때문이다. 그래서 달그렌(Dahlgren)은 '건강한 민주주의는 건강한 미디어 시스템과 밀접한 관계가 있다'고 주장했다. 이 말은 건강한 민주주의 사회를 발전시키고 잘 유지하기 위해서 언론의 역할이 매우 중요하다는 뜻이다. 왜냐하면, 민주주의 사회가 발전을 하느냐 또는 후퇴를 하느냐는 언론의 역할이 크게 영향을 미치기 때문이다. 더 나아가 월터 리프먼(Walter Lippmann)은 '저널리즘이 민주주의를 결정한다'고까지 했다. 즉 민주주의는 언론의 역할에 의해 결정된다고 할 수 있다.

2) 건강한 민주주의를 위한 언론의 역할 및 한계

민주주의 사회 발전을 위해서는 언론의 역할이 중요하다. 그래서 대부분의 민주주의 국가에서 언론의 자유를 법으로 보장하고 있는 것이다. 이렇게 하는 이유는 언론의 공공역할이 건강한 민주주의 사회 발전에 중요하기 때문이다. 언론은 진실을 기반으로 시민들의 참여를 이끌어 민주주의를 발전시키고, 성숙한 시민정신을 토대로 건강한 공동체 건설로 국민의 복지에 기여해야 한다. 이를 위한 대표적인 언론의 역할은 알림, 감시, 토론, 대표, 교육을 꼽을 수 있다. 그러나 세계화라는 거대한 흐름 속에 언론의 공공역할은 자본주의와 시장 자유주의 대세에서 위협받아 왔다.

(1) 알림

건강한 민주주의 사회가 잘 발전하기 위한 언론의 중요한 공공역할 중 하나는 알림이다. 공공적인 사안에 대한 진실을 충분하게 알림으로써 시민/국민이 스스로 민주적 결정을 하도록 해야 한다. 즉 국민에게 알권리를 충족시켜 자주적으로 그들의 권리를 알고 확신하게 해야 한다. 그러나 이 알림의 역할은 세계화 시대 시장 자유주의 대세에서 약화되어 온 것이 현실이다. 왜냐하면, 언론사 경영을 위한 자본수익의 기반이 되는 광고의 중요성과 영향력은 더욱 강화되는 반면 언론의 중요한 공공역할 중 하나인 진실의 알림은 점점 약화되어 왔기 때문이다. 이런 현상은 한국 언론인을 대상으로 한 기자 의식조사에서도 확인할 수 있었다. 기자들은 광고의 영향력이 가장 중요한 결정적인 요인이 되고 있다고 밝혔다 (Sa, 2009a).

(2) 감시

건강한 민주주의 사회를 발전 및 유지하기 위한 언론의 중요한 역할 중 또 다른 하나는 권력 및 사회 환경의 감시다. 언론은 특히 권력의 남용으로부터 시민 더 정확하게는 사회적 약자를 보호하기 위해서 권력을 감시해야 한다. 왜냐하면, 비록 국가 권력이 국민에 의해 합법적으로 선택되었다고 할지라도 권력이라는 속성상 아주 쉽게 남용될 수 있기 때문이다. 이런 권력의 속성을 너무도 잘 알기에 메이클존(Meiklejohn)은 비판적 기능은 권력 남용에 대해 감시를 하고 통치의 비판적 평가를 하는 것이라고 지적했다 (Guerrero & Restrepo, 2012: 43). 이것은 사회 안정과 변화 사이의 균형을 통한 민주사회를 유지하기 위한 것이다. 그러나 사기업 언론들은 권력 남용에 대한 감시와 비판 등의 공익을 위한 역할보다 그들에게 이익이 되는 역할에 더 관심을 가지는 경향이 있다. 이러한 언론 현실은 한국 기자 설문조사에서도 쉽게 찾아볼 수 있었다. 기자들에 따르면, 한국의 거대 주요 사기업 언론사들은 공익을 위해 객관적 진실을 전달하기보다는 자신들 언론사 이익을 위해 일한다고 답했다 (Sa, 2013a: 166).

(3) 토론

미디어는 공공의 토론장 즉 공론장으로써 시민들이 공적 사안에 대해 공익을 위한 공공의 의견을 내고, 토론하고 참여할 수 있도록 유도해야 한다. 또, 이런 과정을 거치며 얻어진 합의를 통해 여론을 형성하도록 이끌어야 한다. 그러나 세계화 시대 시장 자유주의 대세의 현실은 정보가 풍부한 언론은 엘리트 그룹을 위해 일을 하고, 정보가 부족한 언론은 일반 시민을 위해 역할을 함으로써 공공 토론을 제한하고 있다는 것이다. 이런 결과가 가져온 부작용은 세계 여러 나라에서 부유한 언론과 그렇지 못한 언론 사이의 양극화로 나타난다는 것이다. 즉 부익부 빈익빈을 초래하게 되는 것이라고 할 수 있다 (Curran, 2002: 226). 이런 현상 또한 우리나라 언론 현장의 기자들로부터 확인할 수 있었다. 한국의 기자들은 자본권력은 그 어떤 요인들보다 강력하다고 응답했다 (Sa, 2013a: 166).

(4) 대표

언론은 시민들의 목소리를 대표하고, 시민들 의견을 반영할 수 있는 장을 제공해야 한다. 더 나아가, 언론이 시민을 대표하여 궁금한 것을 질문하고 답을 얻어내 충실하게 전달해 줘야 한다. 왜냐하면, 시민 개개인의 목소리가 전달되고 답을 얻는 것에는 한계가 있으므로 언론이 시민을 대표해야 한다는 것이다. 그러나 언론에 영향을 미칠 수 있는 핵심 변수들은 정치제도와 자본 권력가들에 의해 연결된 언론 대표들로 구성되어 있다. 즉 언론을 경영하는 사람들은 권력에 의해 영향을 받을 수밖에 없는 대표들로 구성된다는 것이다. 아츠(Artz, 2007: 148)는 자본가들은 미디어를 상업, 영리를 위해, 그리고 광고와 시장 중심의 수익 마케팅으로 운영한다고 비판한다. 이들은 권력 구조의 다양성과 그들 사회의 언론 제도를 수단으로 이용한다는 것이다. 이런 현실 또한 우리나라 언론 현장의 기자 설문조사를 통해 알 수 있었다. 한국의 기자들도 언론사 경영을 위한 자본수익이 신문을 판매해 얻은 수익으로 언론사를 운영하기보다 대부분을 광고 수익에 의존해 경영을 한다고 지적한다 (Sa, 2013a: 166). 즉 광고비에 의존해 언론사를 경영하다 보니 광고주 눈치 보느라 언론의 공공역할을 제대로 하기 어렵다는 것이다.

(5) 교육

에머슨(Emerson, 1962/1963: 879)은 언론이 사람들 개개인의 자아 성취를 위해 시민/국민을 교육해야 한다고 주장했다. 또한, 미디어 교육에 대해서 크리스틴과 동료들(Christians et al., 2005: 31)도 전통적 민주주의 사회에서 교육과 정보는 자유로운 사회가 자리 잡는 기둥이라고 강조했다. 사회적 안정과 변화 사이의 균형을 유지하기 위해서도 언론의 교육 기능은 제공돼야 하고 아주 중요하다는 것이다. 더 나아가, 언론은 진실을 추구하기 위해 최선의 노력을 해야 하고 교육자의 역할도 해야 한다는 의미다. 그러나 세계화 시대 시장 자유주의 흐름의 대세에서 언론은 시민들의 자아 성취 등을 위한 교육보다, 민간 기업으로서 언론사 이익 추구에 더욱더 집중하는 데 심각한 문제가 있다. 이런 현상 또한 한국 언론 현장의 기자들을 통해서도 아주 쉽게 확인할 수 있었다. 우리나라 기자들에 따르면, 언론사들은 사주 개인을 위한 회사가 되어버렸다고 한탄을 하기도 했다 (Sa, 2013a: 166).

건강한 민주주의 사회를 발전시키고 유지하기 위해서는 언론의 공공 역할이 매우 중요하다. 그럼에도 불구하고 다수 언론은 세계화 시대 무한경쟁에서 살아남기 위해 또는 더 큰 미디어 기업을 추구하며 언론 본연의 공공역할은 뒤로하고 언론 자신의 이익 추구에 더 중점을 두고 있다.

　지금까지 미디어가 무엇인지 알아보고, 기술 발전과 함께 변화한 미디어의 종류도 살펴봤다. 또한 세계화라는 거대한 흐름 속에 미디어의 역할 및 한계를 분석했다. 다음 장에서는 민주주의와 미디어에 대해 공부하기로 한다. 민주주의 발전 및 후퇴에 있어 미디어가 어떻게 관련이 있는지 알아보기로 한다.

제2장. 민주주의와 미디어

 민주주의 발전 및 후퇴의 중심에는 미디어가 있다. 따라서 이번 장에서는 민주주의와 미디어에 관해 공부하기로 한다. 먼저, 민주주의는 무엇인지 이해하고, 다음으로 민주주의와 미디어는 어떻게 관계가 있는 것인지 알아본다. 마지막으로, 우리나라 민주주의 발전 및 후퇴에 있어 한국 언론의 역할에 대해 살펴보기로 한다.

1. 민주주의 이해

1) 민주주의

(1) 민주주의란?

 민주주의(democracy)는 국민에게 국가의 주권과 권력이 있고 국민 스스로 권력을 행사해 국민을 위한 정치를 하는 제도나 그런 정치를 지향하는 사상이라고 할 수 있다. 따라서 민주주의는 의사 결정 시 시민권을 가진 모두 또는 대다수에게 열려 있는 선거나 국민 정책투표 등의 방법을 통해 전체 구성원의 의사를 반영해 실현하는 사상 및 정치사회체제다. 일반적으로 국민 개개인이 나라의 주인이 된 힘, 즉 주권을 행사하는 이념과 체제라고 할 수 있다.

 민주주의에 대한 다양한 원리원칙과 정의 및 이론이 존재하고 있음에도 불구하고 세 가지 핵심은 주권의 원칙, 인간의 자유 원리, 동의 및 참여의 원칙이라고 할 수 있다. 첫째, 주권의 원칙은 모든 개개인은 한 국가의 주권을 가지고 있고, 국가 권력은 모든 개개인을 기반으로 한다는 의미다; 둘째, 인간의 자유 원리란? 모든 개인은 자신의 희망을 결정하고 그들의 희망을 따르는 자유를 가지고 있다는 뜻이다; 셋째, 동의 및 참여의 원칙은 국민들이 동의하고 함께 참여해야 한다는 것이다 (임효선, 1984: 171-174). 진정한 민주주의에서 대다수 사람은 사회의 의사 결정에 참여할 수 있고 동등한 기회를 통해 그들의 삶을 즐길 수 있다는 뜻이다.

초기 민주주의의 의미를 살펴보면, 고대 시대 아리스토텔레스(Aristotle, 1984: 122-123)는 진정한 민주주의 사회는 잘 발달한 복지국가였다고 생각했다. 그는 진정한 민주사회에서는 극소수의 부유한 사람들이 다수 가난한 사람들과 공존하지 않는다고 믿었다. 그래서 아리스토텔레스(127-128)는 참여 민주주의가 이상적인 민주주의라고 주장했다. 더 나아가 촘스키(Chomsky, 1994/2004b: 235)도 진정한 민주주의 사회에서 시민들은 공공 정책에 대한 의사 결정에 참여할 수 있는 "의미 있고 중요한 기회"를 가져야 한다고 했다. 이것의 대표적인 행위가 선거/투표로 나타난 것이다. 따라서 민주주의 국가에서 실시하고 있는 선거/투표는 시민이 공공정책 등 중요한 의사결정에 참여하는 의미 있는 권리행사라고 할 수 있다.

(2) 민주주의의 목적

민주주의는 두 가지 주요 목표가 있는데 첫째는 공익을 위해, 둘째는 시민을 위해 민주주의가 작동해야 한다는 것이다. 공익을 위한 통치가 되기 위해서는 상호관계의 평등, 합리적으로 충분한 재산과 모든 사회 구성원의 지속적인 발전이 필요하다는 것이다. 이 목표를 달성하기 위해서 민주주의는 시민을 위한 것이어야 하고, 정치인들은 시민을 위한 복지제도를 개발해야 한다고 했다. 즉, 에이브러햄 링컨이 제안한 것처럼 민주주의는 국민에 의한, 국민의, 국민을 위한 통치인 것이다. 이를 위해서는 지성이 있는/현명한 선택을 하기 위한 충분한 정보가 필요하다고 메이클존(Meiklejohn)은 강조했다. 여기에서 충분한 정보를 알리기 위한 언론의 역할이 중요해지는 것이다. 공공 영역에서 정보의 궁극적인 목표는 시민들에게 정보를 제공하고, 권력의 감시자로의 역할을 하며, 자유로운 토론을 할 수 있는 장을 마련함으로써 민주주의를 강화하는 것이다(Guerrero & Restrepo, 2012: 43). 이 역할을 언론이 충실히 해야 하는 것이다. 그래서 민주주의 국가에서는 이와 같은 언론의 공공역할을 위해 언론의 자유를 법으로 보장하고 있다.

(3) 민주주의의 문제와 해결 방안

민주주의는 최상이고 문제는 없는가? 이 질문에 분명한 답은 아니라는 것이다. 민주주의도 많은 문제가 있다. 그럼에도 불구하고 민주주의는 지금까지는 가장 이상적인 정치제도라는 것이다. 그렇다면 민주주의의 문제점은 무엇인가? 과거로부터 지금까지의 경험에서 민주주의도 많은 문제가 있는 것은 부정할 수 없는 사실이다. 그중에 대표적인 문제는 권력 엘리트들에 의해 너무 쉽게 남용되고 부패할 수 있다는 것이다. 오네일(O'Neil, 1998: 1)이라는 학자는 민주주의 특히 자유 민주주의는 아주 쉽게 부패할 수 있기 때문에 참여와 목소리를 약화시킨다고 했다. 그래서 민주주의가 "권력의 분산과 공공의 접근을 허용해야 한다"고 주장했다.

이런 민주주의의 문제점을 해결하기 위한 방안으로 아리스토텔레스는 두 가지를 제안했다. 첫째, 가난을 줄이고; 둘째, 민주주의를 상대적으로 감소시키는 것이라고 했다. 그는 두 가지 해결 방안을 제안하면서도 첫째 방법을 더 선호한다고도 했다. 왜냐하면, 만약 소수의 최상위 부유층(갑부)과 다수 가난한 사람들이 공존한다면, 가난한 사람들은 민주적 권리라는 이름으로 부자들의 재산을 빼앗을 것이라고 했다. 이러한 행동은 불안정을 초래하고 민주주의 사회를 위험에 빠뜨린다는 것이다. 그래서 그는 가난을 줄이고 민주주의를 상대적으로 감소시키라는 두 가지 방법을 제안한 것이다. 또 촘스키(Chomsky)와 토크빌(Toqubil's)도 조건의 불평등이 계속된다면, 민주주의는 불평등 때문에 재앙이 될 것이라고 경고했다 (Chomsky, 1994/2004a: 23). 이런 이유로 민주주의의 원칙은 권력과 부의 집중을 피하는 것이라고 했다 (1994/2004b: 276-277).

그러나 오랜 세월 세계화나 신자유주의의 시대적 흐름에서 부익부 빈익빈은 심화되었고 또 이런 현상은 지속되고 있다. 왜냐하면, 세계 경제 시스템이 일반 시민들의 생활에 부정적으로 영향을 미치기 때문에 경제적 약자 그룹의 삶은 더욱더 어려워지고 있다. 반면, 소수의 최상위 부유한 사람들이 세계적으로 더 많은 권력/힘을 가지고 있으며 이러한 그룹의 권력 집중화는 계속되고 있다는 것이다. 자본주의와 세계화가 지배하는 동시대적 세계에서 부자와 가난한 사람들 사이에는 부와 권력의 격차가 더욱 커지고 있다는 문제다. 이런 현상과 관련해서 소로스(Soros, 2004: 78-99)는 민주주의를 위협하는 핵심 요인은 공산주의가 아니라 가혹한 자본주의 형태의 전 세계적인 팽창이라고 주장했다. 그의 주장은 세계화나 신자유주의를 통해 국제적으로 여러 분야의 현장에서 전 방위적으로 나타나고 있다고도 했다.

2. 민주주의와 미디어의 관계

미디어는 민주주의 발전 및 후퇴에 긴밀하게 관련이 있다. 왜냐하면 언론이 어떻게 역할을 하느냐에 따라 민주주의는 발전할 수도 또는 후퇴할 수도 있기 때문이다. 그래서 언론계의 전설 월터 리프먼(Walter Lippmann)은 저널리즘이 민주주의를 결정한다고까지 했다. 리프먼(Lippmann, 1920: 47/강준만, 2017: 25 재인용)은 "신문은 민주주의의 성경이며 사람들은 이를 근거로 행동을 결정한다"고 했다. 리프먼은 "현대 국가에서 의사 결정은 입법부와 행정부의 상호작용이 아니라 여론과 행정부의 상호작용으로 내려지는 경향이 있다"며 "주권이 입법부에서 여론으로 옮겨간 이상 공중은 정확하고 신뢰할 만한 정보에 접근할 수 있어야 한다"고 주장했다. 이런 것이 의미하는 것은 전통 언론인 신문의 과거 위상을 드러내 주는 동시에 '정확하고 신뢰할 만한 정보 전달'이라는 중요한 언론의 역할도 다시 일깨우고 있다. 그러나 리프먼은 언론이 사실에 근거한 것이 아니라 편집자와 기자들의 희망과 두려움을 반영해 뉴스를 생산하는 경우를 비판하며 기자의 감정 개입 이외에도 정부 뉴스 의존과 출처 불명 뉴스 등과 같은 문제를 지적했다. 그는 "오도된 뉴스는 아예 알리지 않는 것보다 나쁘며 뉴스의 신뢰성이야말로 민주주의 활성화의 근거임을 강조했다". 이것은 언론의 역할이 민주주의의 발전에 너무 중요하다는 것을 강조하는 의미다.

이와 관련하여, 언론과 민주주의의 관계에 대한 미국인들의 의식조사 변화를 살펴보면 다음과 같다. 먼저, 1985년 미국인의 55%는 "언론이 민주주의를 보호한다"고 믿었다. 그 후 14년이 지난 1999년에는 45%의 미국인들이 "언론이 민주주의를 보호한다"고 응답을 했다. 그러나 12년이 지난 2011년에는 "언론이 민주주의를 해친다"고 42%의 미국인들이 응답했다 (Kovach & Rosenstiel, 2014/2014: xxii). 더 나아가 2018년 Gallup과 Knight 재단의 공동조사에 따르면, 대부분의 미국인들이 "언론이 민주주의에 중요한 역할을 하지 않는다"고 생각했다. 위와 같이 언론의 역할은 민주주의에 있어 아주 중요함에도 불구하고, 시간이 지날수록 언론에 대한 국민의 신뢰도는 점점 떨어지고 있는 것이 현실이다.

1) 언론의 자유와 목적

언론의 자유는 민주주의의 기초로 건강한 사회를 유지하는데 매우 중요하다. 그래서 건강한 민주주의 사회가 발전되고 유지되기 위해서 언론은 모든 요소로부터 독립을 유지하며 자유롭게 저널리즘 역할에 충실할 때 가능하다. 즉 언론의 자유란? 언론사 내부 및 외부적 요인은 물론 다른 모든 요인들로부터의 독립이라고 할 수 있다. 요약하면, 언론의 자유는 언론 활동 모든 과정에서의 자유를 의미한다. 이것은 언론사의 설립에서부터, 정보를 취재하고, 언론기사로 작성해, 뉴스의 편집/편성, 인쇄 등을 거쳐 독자 및 미디어 수용자에게 정보를 배포 및 보도에 이르는 모든 과정을 뜻한다 (Sa, 2009a). 그러나 이런 상황은 이상 속에서나 가능하지, 현실에서는 거의 불가능에 가깝다. 그래서 오래전부터 존 밀턴(John Milton, 1608-1674)과 존 스튜어트 밀(John Stuart Mill, 1806-1873)은 자유는 언론이 검열과 위협으로부터 벗어나게 될 때 비로

소 실현될 수 있다고 주장했다. 그런 까닭으로 이들은 주로 사상과 표현의 자유를 역설했다 (강준만, 2017: 25-26).

그러나 지금의 민주주의에서 문제는 상황이 전혀 달라졌다는 게 리프먼(Lippmann, 1920: 104/강준만, 2017: 26 재인용)의 주장이다. 리프먼에 따르면, 언론은 자유로울 수는 있지만 언론의 책임과 의무를 제대로 수행하느냐 하는 것은 전혀 다른 문제라는 것이다. 리프먼은 정치적 자유는 단순하게 표현과 언론의 자유만으론 실현될 수 없으며, 언론이 뉴스를 보도하는 데 있어 완벽성·정확성·성실성을 갖추었을 때만 가능하고, 이는 언론인의 전문화를 통해 실현될 수 있다고 주장했다. 이를 위해 리프먼은 법대가 법률가들을 길러내듯이 저널리즘스쿨이 언론인들을 길러내야 하며, 최고급 인력을 끌어들일 수 있어야 한다고 주장했다.

언론자유의 목적은 진실 추구다. 자유로운 의사 표현을 통한 진실을 기반으로 다양성을 추구하며 공평한 기회와 조화로운 민주주의 사회를 이룩하는 것이 타당하다. 그러나 현실에서 언론은 자본과 정치에 기반한 권력층의 관심을 위해 일을 하는 경향이 있다. 언론이 정치권력, 거대 자본권력과 담합을 하면 정의와 도덕은 자주 묵과되고 진실은 너무 쉽게 왜곡될 수 있다 (Sa, 2009b: 19).

3. 한국 언론의 역할

언론의 환경 변화는 한 사회에서 언론이 공공역할을 하는 데 있어 영향을 받는다. 우리나라 언론도 1980년대 말 민주화를 거치고 1990년 이후 여러 가지 환경 변화에 직면했다. 정치적 측면에서는 언론의 민주화를 경험하게 되었고, 경제적 측면에서는 무한경쟁의 시장 자유주의로 접어들었으며, 기술적 측면에서는 멀티미디어 시대를 열게 되었다 (임영호, 2002). 이러한 언론의 환경 변화와 더불어 언론의 공공역할은 민주주의 사회를 발전 및 유지하는 데 더욱더 중요하다. 왜냐하면, 언론이 어떻게 하느냐에 따라 민주주의 사회가 발전하기도 하고 또는 후퇴할 수도 있기 때문이다.

1) 한국 주류 언론의 역할

우리나라 언론들은 대부분이 민간에서 운영한다. 공영 언론이든 민간 언론이든 언론은 공공역할이 있다. 그래서 대부분의 민주주의 국가에서는 공영언론 민간언론 구분 없이 법으로 언론의 자유를 보장해 주는 것이다. 그러나 이 자유가 언론의 공공역할보다 사기업으로 이익추구에 더 중점을 둔다면 문제가 커지는 것이다. 우리나라 주류 보수 언론들이 바로 이런 문제의 중심에 있다. 이 언론들은 공익을 위한 언론의 역할에 부응하기보다 사익을 위한 권력 창출과 기득권 유지에 더 관심이 있어 왔다. 이 언론들은 한국의 풀뿌리 민주주의를 발전시키는 데 이바지하기보다 자신들의 이익을 위해 일할 정치권력 창출에 더 강력하게 관계해 왔다 (Sa, 2009b: 23-24). 그런 결과로 우리나라 민주주의와 언론의 자유는 후퇴를 가져오고 국가 투명성도 떨어지는 경험을 하고 이런 행태는 반복되고 있다. 주류 보수 언론과 권력 창출에 대해 언론학자 강명구(2004)는 "1990년 이후 한국 언론들 특히 사적 소유의 언론들은 그들의 기득권을 다음 정권으로 연장하기 위해 권력 생산자(대통령 만들기) 역할을 종종 했다"고 비판했다. 주류 보수 언론들의 이런 행태는 과거에서 오늘날까지 지속적으로 이어지고 있다.

위기상황과 문화생산자의 역할에 대해 사회학자 부르디외는 문화생산자들은 특별한 위기상황에서 지배계급의 잠재적 힘을 동원해 권력의 장에서 질서를 전복시킴으로써 그들의 권력을 유리하게 이용한다고 주장했다 (Sa, 2009b: 19). 이런 사례는 우리나라 언론현장에서도 아주 쉽게 찾아볼 수 있다. 한국의 주류 보수 언론들이 권력 창출(대통령 만들기)을 하는 데 있어 그들이 원하는 후보가 위기에 처했을 때 어떻게 비호하고 위기를 탈출하는지 살펴보기로 한다.

(1) 위기 상황 비호하며 권력 창출

먼저, 2007년 대선 과정에서 문화생산자로서 언론의 역할이 위기상황을 어떻게 그들에게 유리하게 이용했는지 살펴보기로 한다. 대통령 후보로 나왔던 이명박 후보는 선거운동 시기에 BBK 금융 스캔들로 위기 상황에 직면하게 됐다. 그러나 우리나라 주요 보수 신문들은 BBK와 이명박 후보의 관계를 부정하는 언론 보도로 진실을 왜곡하고 국민 눈을 흐리게 함으로써 위기를 돌파했다. 이러한 주류 신문의 보도 태도에 대해 진보는 물론 보수 논객까지도 언론과 기자들을 비판하는 목소리가 커졌다.

2007 대선과 주류 언론 특히 《조선일보》, 《중앙일보》, 《동아일보》(이후 조·중·동)의 보도 관련한 평가를 살펴보면 다음과 같다. 언론 모니터링 시민단체인 '민주언론시민연합'은 "조·중·동은 감시견으로서 비판적으로 보도하지 않고, BBK 스캔들로부터 이명박을 보호했다"고 지적했다. 또, 《한겨레》 신문과의 인터뷰를 통해 이철용 전 국회의원은 "2007년 대통령 선거는 이명박의 승리라기보다 조·중·동의 승리였다"고 주류 신문의 보도 태도를 비판했다. '이명박 씨로부터 BBK 명함을 직접 받았다'는 이장춘 전 외무대사도 "BBK와 이명박 관련 보도에서 조·중·동은 형편없는 신문들이었다"고 《프레시안》과의 인터뷰를 통해 주요 언론들의 보도를 지적했다. 또한, 보수 논객 조갑제 씨도 선거 기간 동안 주요 보수신문들은 이명박 후보를 한목소리고 지지하고 진실을 제대로 전달하지 않았다고 비판했다. 더 나아가 조갑제 씨는 이명박 후보를 지지한 기자나 논설위원, 또는 경영자는 한국 국민에게 공동 범죄자들이고, 언론인이라는 직업을 잘못 선택했다며, 진실을 제대로 전달하지 않는 기자들은 언론인으로서의 충분한 자질이 없다고 자신이 운영하는 블로그를 통해 혹평했다. 이렇게 윤리가 죽은 언론인들은 한국의 풀뿌리 민주주의 발전에도 도움이 되지 못한다고도 신랄하게 비판했다. 실제로 이명박 정부 동안 우리나라 민주주의와 언론의 자유는 심각한 후퇴를 겪었다. '국경 없는 기자회'(RWB)는 2006년 한국의 언론 자유 순위를 31위로 아시아 대륙에서 최상위 국가 중 하

나로 평가했다(예: 뉴질랜드-19위, 한국-31위, 호주-35위). 그러나 이명박 정부 들어 한국의 언론자유는 부분적 자유 국가로 추락했다. '국경 없는 기자회'는 2009년 한국의 언론 자유 순위를 69위로 과거 완전한 자유 국가에서 부분적 자유국으로 추락했다고 평가했다(예: 뉴질랜드-15위, 호주-16위, 일본-17위, 홍콩-48위, 대만-59위, 한국-69위) 〈대한민국 언론자유순위 48쪽 도표참조〉.

우리나라 주요 보수 언론들은 대기업과 보수 정치권력과의 협력을 통해 그들의 이익을 추구한다. 또한, 이 그룹들은 그들의 권력(힘/영향력)과 재산(자본/부)을 영원히 지키고자 수단과 방법을 가리지 않고, 그 기득권을 보호해줄 정치 권력을 지지한다. 더 나아가 이 언론들은 그들의 기득권을 다음 정권으로 연장하기 위해 대통령 만들기 역할도 종종 한다 (강명구, 2004.11.26). 이 언론들은 그들의 힘(영향력)과 자본(부)을 영구히 지키고자 필사적으로 노력한다. 만약, 그들의 힘을 약화시키려는 변화와 시도들은 거대한 저항에 부딪히고, 이 그룹들은 약화 시도들에 대항해 새 이론들을 만들어 내고, 국민에게 이런 저항의 시도들을 포기하도록 영향을 준다 (김승수, 2005). 이러한 보수 언론들의 역할은 끊임없이 지속된다.

그렇다면, 이명박 대통령을 만들고 이 언론들이 얻은 이익은 무엇일까? 그동안 우리나라에서는 신문·방송의 교차소유가 허용되지 않았다. 그러나 신문·방송 교차소유 허용을 주요 미디어 정책으로 공약한 이명박 한나라당 후보가 대통령으로 당선되면서, 보수신문의 염원인 신문·방송의 교차소유권(Cross Ownership)을 허가받아 종합편성채널이라는 방송 운영에 진출할 수 있게 됐다. 당시의 언론사 등 현업단체에서는 "대선 기간 동안 이 후보에 대한 도덕성과 정책 검증을 제대로 하지 않았다는 지적을 받고 있는 보수신문의 보도 배경에 겸영 허용이라는 이해관계가 걸려 있었기 때문"이라는 비판이 이어졌다 (안경숙, 2008.01.02). 이런 보수 언론의 사적 이익추구에 기반한 권력 창출 행태는 어느 한 정부에 국한하지 않는다.

(2) 보수 언론의 권력 창출은 계속된다

우리나라에서 언론과 권력의 유착은 사실상 어제 오늘의 일은 아니다. 보수 언론과 재벌, 보수 정치그룹 사이의 유착관계는 오래전부터 이루어졌고 어느 한 정부에 국한하지도 않는다. 현 정부 윤석열 대통령은 대통령이 되기 직전 서울중앙지검장 시절 언론사 사주들과 사적으로 만난 것으로 드러났다. 비밀회동을 한 것으로 추정되는 시기에 특히 방상훈 《조선일보》 사주 일가와 관련된 여러 건의 고소·고발 사건을 수사하고 있었기에 부적절한 만남이라는 지적이 컸다. 언론사주와의 만남은 '수사기관의 수장이 피고발인을 몰래 만난 꼴'이었기 때문이다. 검찰과 언론의 부적절한 유착, 수사기관과 언론의 공정성에 대한 국민의 불신을 키울 수 있기 때문이다. 더 나아가 《중앙일보》와 《JTBC》의 사주인 홍석현 중앙홀딩스 회장과 심야 회동을 가질 때는 역술가도 동석했다는 증언이 있기도 했다 (한상진, 2020.07.24; 심인보, 2020.08.19). 언론사주가 권력 창출을 하기 위해 대통령 면접이라도 실시했다는 것인가? 참으로 어이 없는 일이 아닐 수 없다.

불행하게도 이러한 보수 신문과 정치 권력의 부적절한 유착관계는 오랜 역사다. 1970년대 초 박정희 독재정권 시절 《동아일보》 사주가 권력의 환심을 사기 위해 개최했던 '덕소 별장 파티'도 있었다. 이 때는 《동아일보》 기자들이 박정희 독재권력의 언론탄압에 맞서 언론자유수호투쟁을 벌일 때였다. 그러나 사주인 《동아일보》 김상만 회장은 권력의 환심을 사기 위해 자신의 경기도 '덕소 별장'에 정계 거물들을 초청했다. 김상만 언론사주가 당시 주한 미국대사 윌리엄 포터 환송연을 명목으로 개최한 파티였다. 한국 언론을 통해서는 알 수 없었던 이 날 파티의 배경과 구체적인 진행 과정 및 목적은 미국 국립문서기록청(National Archives and Records Administration, NARA)에 보관돼 있는 미국 대사 윌리엄 포터의 비밀 보고서에 담겨있었다. 포터 대사는 당시 김상만 《동아일보》 사주가 파티를 연 목적은 이후락과의 만남이었다고 기록했다. 하지만 표면상 파티의 명목은 미국대사 환송연이었다. 《동아일보》 사주가 박정희 정권의 핵심 실세인 이후락 중앙정보부장과 자연스레 접촉하기 위해 미국대사를 등에 업은 것이라고 해석할 수 있다 (홍주환, 2021.01.11). 과거에는 언론사주가 권력의 환심을 사려고 노력했으나 현재는 역술인까지 동행해 예비 대통령감을 만나는 상황이다. 유한한 정치 권력과 비교하면 대를 이어가는 언론사주의 힘은 더욱더 강력해지는 것일까?

이렇게 우리나라 주류 보수 언론들은 한국의 풀뿌리 민주주의 발전을 위한 역할보다는 그들의 이익을 보호해 줄 정치권력 창출과 사적 이익추구에 더 관계하고 있다고 할 수 있다. 비록 우리나라 언론에 대한 국민의 신뢰도는 언론의 존폐를 걱정할 만큼 심각하게 낮은 수준이지만, 이 언론들의 영향력은 신문뿐만 아니라 방송까지 운영하며 더욱더 강력해졌다고 할 수 있다. 우리나라 언론 신뢰도와 관련하여, 영국 옥스퍼드 대학의 로이터 저널리즘 연구소가 발간한 '디지털 뉴스 리포트'에 따르면, 한국 언론에 대한 우리나라 국민의 신뢰는 OECD 국가 중 2016년(한국 뒤에 그리스 단 한 곳), 2017년, 2018년, 2019년, 2020년 연속으로 가장 낮았다 (Reuters Institute, 2023). 이러한 추세는 지금까지도 이어지고 있다.

이와 같은 언론의 행태를 이규정(2023)은 한국 언론의 위기로 진단했다. 이런 위기의 원인으로 정치에 대한 권력화, 언론 내부의 과도한 정파성의 표출, 수용자에 대한 낮은 신뢰도를 꼽았다. 언론의 권력화는 지속적인 언론인의 정계 진출과 언론이 정치 권력을 끊임없이 창출하려는 시도로 연결된다. 언론의 낮은 신뢰도는 극도로 양분된 정파성과 속보 경쟁으로 부족한 심층 보도가 가짜뉴스의 증가 현상으로 나타난다. 언론의 정파성은 언론 간의 무한경쟁과 갈등이 격화되면서 진보와 보수의 갈등이 심화되는 경향을 보인다고 했다. 언론의 위기는 공론장을 왜곡하는 것은 물론 민주주의의 문제를 더욱더 악화시킬 수 있으므로 언론 위기를 극복하기 위한 대안을 시급하게 마련하는 것이 절실하다고 했다.

이번 장에서는 민주주의가 무엇인지 그리고 민주주의와 미디어는 어떻게 관련되어 있는지 살펴봤다. 또한, 우리나라 민주주의 발전 및 후퇴에 있어 한국 주류 보수 언론이 어떤 역할을 했는지도 알아봤다. 다음 장에서는 저널리즘이 무엇이고 어떤 역할이 있는지, 탈진실 시대의 저널리즘에 관해 공부하기로 한다.

제3장. 탈진실 시대의 저널리즘

세계는 지금 탈진실의 시대로 가고 있다고도 한다. 이번 장에서는 탈진실의 시대에 저널리즘이 무엇인지 공부하기로 한다. 먼저, 저널리즘이 무엇인지 살펴보고, 다음으로 저널리즘 역할의 연구 및 실제는 어디까지 왔는지 검토한다. 더 나아가, 저널리즘은 어떻게 발전 정도를 평가하는지 평가 기준도 알아보기로 한다.

1. 저널리즘 이해

1) 저널리즘이란?

저널리즘은 뉴스 등 시사적인 사안에 대한 보도 논평 등을 사회에 전달하는 언론 활동이라고 할 수 있다. 저널리즘의 특징은 정기적 또는 주기적으로 커뮤니케이션 활동을 벌임으로써 현대인이 적응할 수 있는 환경을 제시한다. 언론의 저널리즘 역할 중 가장 대표적인 기능은 뉴스 보도라고 할 수 있다. 코바치와 로젠스틸(Kovach & Rosenstiel, 2014/2014: 2)에 따르면, 저널리즘은 사람들에게 현재 무슨 일이 진행되고 또 앞으로 무슨 일이 일어날지에 대한 정보를 제공하기 위해 사회가 고안해 낸 시스템으로 사회를 살아가는 사람들은 우리가 접하는 뉴스와 저널리즘의 성격이 무엇인지에 관심이 있다는 것이다. 뉴스와 저널리즘은 인간 삶의 질과 우리의 생각과 문화에도 큰 영향을 미친다. 뉴스는 처음에 기술중심주의자들이 정보의 "사회적 흐름(social flow)"을 위해서 만들어 냈다. 그러나 저널리즘은 정보 전달에만 그치지 않았다. 따라서 언론계의 전설 월터 리프먼은 저널리즘이 민주주의를 결정한다고까지 했다.

(1) 저널리즘의 목적

저널리즘은 시민정신을 향상시키고 공동체의식을 형성해 더 좋은 민주주의 사회를 발전시키기 위해 필요했고, 또 그런 역할을 기꺼이 자처함으로써 그 존재가치를 부여했다. 저널리즘의 1차적인 목적은 시민이 자유로울 수 있고 스스로를 다스릴 수 있도록 살아가는 데 필요한 정보를 제공해 주는 것이고, 중심 목적은 진실을 말하는 것이다. 즉 저널리즘은 진실을 말해 시민이 스스로를 다스릴 수 있고 필요한 정보를 얻을 수 있게 하는 것이라고 시카고 트리뷴 ≪Chicago Tribune≫을 발행하는 트리뷴사(Tribune Publishing Company)의 사장이었던 잭 풀러(Jack Fuller)는 주장했다 (Kovach & Rosenstiel, 2014/2014: 15-20). 정리하면, 뉴스 조직의 최우선 목적은 시민의 자치 능력 강화에 있으므로, 국민에게 진실을 충분히 알려 올바른 결정을 할 수 있도록 함으로써 시민의 삶이 향상될 수 있도록 하는 것이 저널리즘의 목적이라고 할 수 있다.

(2) 저널리즘의 기본원칙

저널리즘의 목적을 실현하기 위해서는 언론과 기자 그리고 뉴스 소비자이며 생산자인 시민이 기본적으로 지켜야 할 것들이 있다. 이를 코바치와 로젠스틸(Kovach & Rosenstiel, 2014/2014)은 저널리즘의 기본원칙이라고 정하고 열 가지를 다음과 같이 제시했다:

① 저널리즘의 첫 번째 의무는 진실에 대한 것이다.
② 저널리즘의 최우선적인 충성 대상은 시민들이다.
③ 저널리즘의 본질은 사실 확인의 규율이다.
④ 기자들은 그들이 취재하는 대상으로부터 반드시 독립을 유지해야 한다.
⑤ 기자들은 반드시 권력에 대한 독립적인 감시자로 봉사해야 한다.
⑥ 저널리즘은 반드시 공공의 비판과 타협을 위한 포럼을 제공해야 한다.

⑦ 저널리즘은 반드시 최선을 다해 시민들이 중요한 사안들을 흥미롭게, 그들의 삶과 관련 있는 일로 인식할 수 있도록 전달해야 한다.
⑧ 저널리즘은 뉴스를 포괄적이면서도, 비중에 맞게 다뤄야 한다.
⑨ 기자들은 그들의 개인적 양심을 실천해야 하는 의무가 있다.
⑩ 그들의 선택을 통해 뉴스 생산에 참여하는 시민들은 뉴스에 관해 권리를 행사할 수 있다. 그러나 그들은 책임감을 가져야 한다. 그들이 스스로 생산자와 편집자가 되는 상황에서는 더욱 그러하다.

위에서 살펴본 바와 같이 저널리즘은 진실을 기반으로 시민들의 참여를 통해 민주주의를 발전시키고, 성숙한 시민정신을 토대로 건강한 공동체 건설을 위해 존재하는 것이다. 즉 저널리즘은 시민들에게 진실한 정보를 충분하게 제공함으로써 국민의 복지에 기여해야 하는 것이다. 또한, 시민도 과거 전통적 언론환경에서는 수동적인 뉴스 수용자에 머물렀지만 디지털 시대 시민은 뉴스 생산자이자 소비자로서 책임과 권리를 갖는 것이다.

2. 저널리즘 역할의 연구 및 실제

1) 저널리즘 역할 연구

저널리즘 역할에 관한 초기의 연구들은 기본적으로 중립적이냐 또는 수동적이냐, 뉴스 선택 및 보도 관련, 그리고 좀 더 참여하고 능동적인 뉴스 보도를 하느냐의 차이에 관한 것이었다. 위버와 윌호이트(Weaver & Wilhoit, 1991/Pihl-Thingvad, 2015: 394 재인용)에 의해 연구된 이 차이는 이후로도 보편적으로 널리 인식되어 오고 있다. 위버와 윌호이트는 미국 기자들을 대상으로 한 경험적 연구에서 저널리즘의 역할을 다음과 같이 세 가지, 전달자(the disseminator, 중립적 수동적 기자); 해석자(the interpreter, 좀 더 능동적이고 참여적); 그리고 감시자(the adversary,

좀 더 능동적이고 참여적)로 구분하고 있다.

(1) 전달자

첫째, 전달자 역할은 실제 정보를 객관적으로 수용자에게 제공함으로써 사안에 대한 판단과 추론은 수용자 자신이 할 수 있도록 하는 것이다. 전달자 역할은 신뢰할 수 있고 객관적인 정보를 시민들에게 가능한 빠르게 제공한다는 전문가주의 인식과 의제설정자로서의 기자 인식에 바탕을 두고 있다 (Pihl-Thingvad, 2015: 394). 전달자 역할은 일반적으로 사회에 대한 뉴스 미디어의 사회적 의무로서 해설을 한다. 시민들이 민주주의에 참여할 수 있도록 필요한 정보의 기초를 높은 수준의 뉴스로 만들어 시민들에게 전달한다. 이 접근은, 사회에서 기자들의 전문가주의가 저널리즘의 역할을 통한 정당화 선언이라고 할 수 있다. 즉, 정보를 정확하고 신속하게 객관적으로 전달하는 데 목적이 있고, 사안에 대한 판단이나 결론은 수용자 자신에게 맡겨지는 것이 언론의 전달자 역할이다.

(2) 해설자

둘째, 해설자 역할은 전달자 역할의 입장과는 달리 정보를 적극적으로 해석해서 전달하는데, 이렇게 하는 이유는 더욱 복잡해지고, 세분화되어 가는 사회를 살아가는 데 있어 미디어 수용자들이 어떤 사안의 본질과 진실을 파악하기 힘들기 때문에 기자들이 공공 정책의 결정자 역할을 해야 한다고 생각하는 것에서 기인한다 (민정식, 2010: 10). 언론의 해설자 역할은 분석을 기반으로 하고 복잡한 문제들에 놓여있는 사안, 국제 발전 문제, 그리고 정부 정책을 토론하고 쟁점화하는 이슈로서 기사화될 수 있는 것이다 (Pihl-Thingvad, 2015: 394). 특히 오늘과 같은 디지털 미디어 환경에서, 미디어 수용자가 홍수처럼 쏟아지는 수많은 정보를 올바로 이해하고 수용하기란 어려운 일이다. 따라서 언론의 해설자 역할은 더욱 중요하다는 것이다.

(3) 감시자

　권력의 속성상 감시 및 비판이 없으면 그 힘을 쉽게 남용하고 부패하기 마련이다. 따라서 권력은 언론의 비판기능에 대해 열린 자세로 임해야 한다. 비판을 용납하지 못하는 지도자는 독재자가 될 뿐이다. 그런 맥락에서 언론의 감시자 역할은 권력에 대해 더 능동적이고 비판적인 시각으로 뉴스를 대중에 전달하는 방법이다. 감시자 역할의 전문적인 인식은 민주주의의 감시견 제4부로서의 역할이다. 뉴스 미디어가 민주주의의 감시견으로서 기능할 때는 언론은 입법부, 행정부 그리고 사법부와 같은 독립적 권력으로 특징 지어진다 (Pihl-Thingvad, 2015: 394-395). 이런 인식은 뉴스 미디어가 국민들의 입장에서 권력을 감시하고 국민을 보호함으로써 민주주의를 수호해야만 하는 것에 기반하고 있다. 이는 저널리즘에 또 다른 기본원칙으로 기자의 전문적 인식과 자율성을 추구한다. 일반적으로 기자들은 자신들이 저널리즘 현장에서 감시자 역할을 제대로 수행하기 위해서는 자유와 자율성이 필요하다고 요구한다 (395). 이와 같은 주장은 기자들이 독립적이지 못할 때 일어날 수 있는 여러 가지 문제에 직면할 수 있기 때문이다 (Sa, 2013b). 이러한 문제는 상업적 요구, 이익, 언론사의 정치적 성향, 일상적인 것 그리고 마감시간과 같은 다양한 요인들 때문에 현장에서 언제든지 발생할 수 있다. 이런 조건 및 철학들은 기자들이 현장에서 좋은 저널리즘을 수행하는데 있어 과연 얼마나 실현하는가 하는 의문의 여지는 있다. 그럼에도 불구하고 이런 조건 및 철학들은 종종 저널리즘 전문성의 기본으로 고려되기도 한다 (Pihl-Thingvad, 2015: 395).

2) 저널리즘 역할의 실제

　앞에서 살펴본 바와 같이 저널리즘은 진실을 기반으로 시민들이 스스로를 다스릴 수 있도록 정보를 제공해 국민복지 및 민주주의 발전에 기여해야 한다. 그러나 현실에서 저널리즘의 역할을 수행하는 데는 많은 한계에 직면한다. 특히 시민형성에 있어 저널리즘의 딜레마가 존재하는데 코바치와 로젠스틸(Kovach & Rosenstiel, 2007/2009: 29-31)은 시민형성과 밀착된 저널리즘을 반대 방향으로 끌고 가고 있는 힘이 있다고 주장한다. 이 세 가지 힘은 바로 새로운 과학기술의 성격, 거대 기업화 그리고 세계화라는 것이다. 미디어와 같은 커뮤니케이션 회사들이 국경이 없는 다국적 기업들이 돼가면서 시민이나 전통적 공동체의 개념은 상업적 관점에서는 더 이상 무의미해졌다는 것이다. 오랜 세월 세계화를 중심으로 진행되었던 국제적 흐름 속에 민주주의 사회에서 언론 특히 저널리즘의 역할 수행에 많은 한계가 있고 그 기능을 제대로 하지 못하는 현실이다.

앞장에서도 살펴본 것처럼, 건강한 민주주의의 발전을 위해서는 언론의 자유가 필수이고 민주주의는 언론에 의해 발전된다고 해도 과언이 아니다. 따라서 언론의 알림, 감시, 토론, 대표, 교육과 같은 공공역할은 아주 중요하다고 할 수 있다. 그러나 이러한 주요 역할은 세계화의 흐름 속에 제 기능을 하지 못하고 있는 것이 현실이다 (Sa, 2013a: 165-166). 건강한 민주주의 사회를 발전시키고 유지하기 위한 언론의 역할은 매우 중요하다. 그러나 언론은 세계화의 흐름 속에, 무한경쟁에서 살아남기 위해 또는 민간 기업으로 더 큰 기업을 목표로 공익을 위한 본연의 역할보다는 자신들 이익 추구에 더 관심이 있다. 언론의 직무유기에 디지털 미디어 환경이 더해지면서 세계는 탈진실의 시대에 접어들었다.

3) 탈진실의 시대

세계는 탈진실의 시대로 가고 있다는 우려의 목소리가 여기저기서 터져 나오고 있다. 탈진실(post-truth)이란 객관적인 사실 보다는 감정과 믿음에 더 많이 반응하는 것으로 거짓이 진실보다 우위를 점하는 시대가 오고 있다는 의미다(Oxford Dictionaries, 2016). 가짜뉴스(fake news)가 탈진실의 시대 중심에 있다. 아직까지 가짜뉴스에 대한 명확한 정의는 내려지지 않았지만, "언론의 외양적 진실스러움을 훔친 기만적 가짜정보"(황용석·권오성, 2017)라고 한다. 사실상 가짜뉴스의 역사는 길지만 오늘날 가짜뉴스 문제가 대두된 것은 디지털 미디어 환경으로 인한 가짜뉴스의 생산과 유통이 점점 진화해 오고 있기 때문이다 (염정윤·정세훈, 2019).

가짜뉴스 문제가 디지털 미디어 환경으로 인하여 더욱 가속화되는 이유는 크게 세 가지를 들 수 있다 (오세욱·정세훈·박아란, 2017). 첫째, 정보의 홍수 시대로 뉴스의 양이 급증했다는 것이다. 과거에는 소수 언론사가 뉴스 생산을 독점했기 때문에 언론사에서 제공한 뉴스를 사실 확인하는 것은 어렵지 않게 할 수 있었다. 그러나 오늘날의 미디어 환경에서 하루 평균 6만 건 이상의 뉴스가 쏟아져 나오는데 (오세욱·김수아, 2016) 이 모든 뉴스에 대해 사실을 확인하는 작업은 사실상 불가능하다. 그런 까닭으로 가짜뉴스와 진실이 뒤섞여 유통되어도 이를 쉽게 감지하지 못하고 있는 실정이다. 둘째, 뉴스의 원본을 확인하기 어렵다는 것이다. 우리나라에서는 포털사이트 네이버와 다음에서 대부분의 뉴스 소비가 이루어진다. 언론사 홈페이지나 앱을 통해 뉴스를 이용하는 비율은 5%에 불과하다. 모듈화된 미디어 정보가 더 깊이 있고 철저하게 다시 결합되고 유통 과정 중에 반복적으로 재가공 된다. 포털에 이렇게까지 과도하게 편중된 뉴스 소비는 다른 나라에서는 쉽게 찾아볼 수 없는 기형적 현상이다 (염정윤·정세훈, 2019).

더 나아가 디지털 미디어 환경에서 누구나 간단한 지식과 기술만 있으면 외형상 실제 뉴스와 같은 형태의 뉴스를 만들어낼 수 있으므로 가짜뉴스의 생산과 유통을 증가시킨다. 마지막으로, 작성 주체가 불확실하다는 것이다. 재가공의 용이함으로 인해 유통 과정에서 최초 원본 작성자가 누구인지 확인하는 것이 어렵고, 식별이 가능하더라도 과거만큼 원본 작성자의 신뢰도를 확신하기 어렵다. 이러한 디지털 환경은 미디어 전반에 대한 신뢰를 떨어뜨리고 출처가 불분명한 가짜뉴스의 유통에 사람들이 무감각하게 만든다 (2019).

정보는 디지털 미디어 환경에서 급속하고 광범위하게 전파된다.

이용자가 정보를 '공유(share)'나 '리트윗retweet)' 등을 통해 쉽게 전파할 수 있게 되면서 자신이 얻은 정보를 확산시키는 것에 대한 심리적 부담이나 기술적 어려움이 감소했다 (한혜주·이경미, 2014). 이렇기 때문에 정보는 너무 쉽게 전 세계로 널리 퍼져나갈 수 있고, 공유와 재공유 과정을 통해 전파 속도도 기하급수적으로 높아졌다 (Budak, Agrawal, & Abbadi, 2011/염정윤·정세훈, 2019 재인용). 디지털 미디어 환경에서 뉴스 전파의 문제점이 2016년 미국 대선을 통해 확실하게 나타나면서 가짜뉴스에 대한 논의를 불러일으켰다. 이 시기에 작성된 가짜뉴스들은 기존의 주요 매체가 생산한 뉴스들보다 훨씬 많이 공유되고 더 많은 참여를 이끌어 냈다 (Silverman, 2016a, 2016b/염정윤·정세훈, 2019 재인용). 우리나라에서도 박근혜 대통령 탄핵과 조기에 실시된 대통령 선거 기간 동안 여러 가지 종류의 가짜뉴스가 쏟아져 나왔고, 가짜뉴스로 인한 고소·고발이 이어지는 등 많은 사회문제가 발생하였다. 현대경제연구원에 따르면, 무차별적으로 널리 퍼진 가짜뉴스가 초래하는 경제적 비용이 당사자 피해액 22조 7천 700억 원, 사회적 피해액 7조 3천 200억 원 등을 포함해 연간 30조 900억 원에 이른다고 추산했다 (정민·백다미, 2017).

3. 저널리즘의 발전 평가

저널리즘의 발전은 언론이 얼마나 자유로운가 미디어 산업이 어느 정도나 성장을 했는가, 그리고 뉴스의 질은 어떠한가의 측면에서 평가할 수 있다 (이재경, 2007: 184). 첫째, 언론의 자유 측면은 취재와 보도의 자유가 얼마나 보장되는가? 매년 세계 각국의 언론의 자유 정도를 평가하는 '유럽의 국경 없는 기자회(Reporters Without Borders-RWB)'나 미국의 '프리덤 하우스(Freedom House)'가 발표하는 언론 자유 지표(Press Freedom Index)에 따른 국가별 평가는 이러한 기준을 바탕으로 하고 있다. 둘째, 미디어 산업 성장 측면에서 저널리즘의 발전을 평가할 수 있는데 이것은 신문 방송 통신사 등의 미디어 산업 성장 상황을 알아보는 접근법이다. 이 관점에서는 신문사나 방송사의 경영지표, 해당사의 광고 매출액을 거시적 지표로 삼기도 한다. 셋째, 뉴스 측면은 신문기사나 텔레비전 뉴스 프로그램의 품질이 어떠한가를 기준으로 분석하는 것이다. 또 그러한 상품의 발전에 직접적으로 영향을 미치는 취재 관행의 변화도 포함한다.

1) 한국 저널리즘 발전 현황

앞에서 살펴본 세 가지 측면의 저널리즘 평가 기준으로 우리나라 저널리즘 발전 현황을 살펴보기로 한다.

(1) 언론 자유 측면

첫째 언론 자유 측면은 취재와 보도의 자유가 얼마나 보장되는가? 언론 자유 측면에서 우리나라 저널리즘의 발전 상황은 사회의 다른 분야와 견주어 크게 뒤떨어지지 않는다. 1987년 정치적 민주화를 거치며 발전을 거듭했고 발전 상황은 노무현 정부까지 지속되어 왔다. 그러나 진보 정부와 보수 정부를 넘나들며 우리나라 언론의 자유 상황은 발전과 후퇴를 반복하고 있다. 2008년 이후 보수적이라고 할 수 있는 이명박 정부와 박근혜 정부에서는 언론의 자유가 발전을 지속하지 못하고 오히려 후퇴를 하는 상황에 이르렀다. 이런 상황은 세계 각국의 언론 상황을 매년 모니터링 하는 국제기구인 '국경 없는 기자회'와 '프리덤 하우스'의 언론 자유 지표에서도 확인됐다. 진보적이라고 할 수 있는 노무현 정부에서 우리나라 언론의 자유는 완전한 자유 국가로 평가받았다. '국경 없는 기자회'(RWB, 2006)는 2006년 한국의 언론 자유 순위를 31위로 아시아 대륙에서 최상위 국가 중 하나로 모범적인 자유국이라고 평가했다 (예: 뉴질랜드 19위, 한국 31위, 호주 35위). 그러나 이명박 정부 들어 한국의 언론자유는 부분적 자유 국가로 추락했다. '국경 없는 기자회'는 2009년 한국의 언론 자유 순위를 69위로 과거 완전한 자유 국가에서 부분적 자유국으로 하락했다고 평가했다 (예: 뉴질랜드 15위, 호주 16위, 일본 17위, 홍콩 48위, 대만 59위, 한국 69위). 이명박 정부의 연장선상에 있다고 할 수 있는 박근혜 정부에서도 한국의 언론의 자유는 부분적 자유국에 머물렀고, 심지어 2016년에는 더 하락해 70위까지 후퇴하는 지경에 이르렀다. 그러나 진보적이라고 할 수 있는 문재인 정부 들어 이러한 언론의 자유 후퇴는 멈추고, 다시 예전처럼 회복됐다. 그러나 보수적이라고 할 수 있는 윤석열 정부에서는 또다시 우리나라 언론의 자유가 다시 위기를 맞고 있다. 〈자세한 사항은 '제8장 언론 관련 법·정책·윤리 등 제도적 요인' 참조〉.

〈표 1. 대한민국 언론자유순위 – 국경없는 기자회〉.

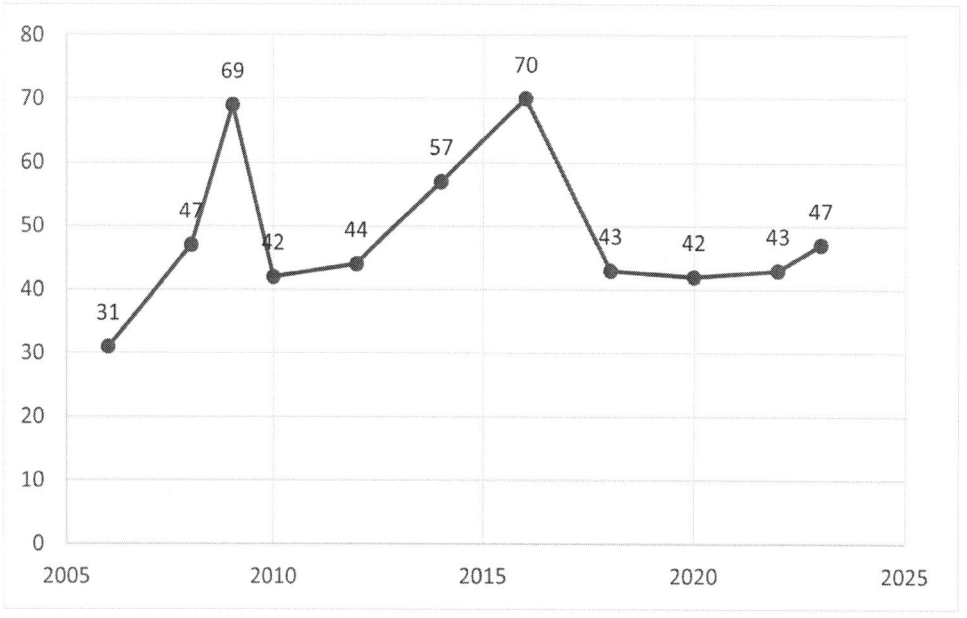

(2) 미디어 산업 성장 측면

둘째 미디어 산업 성장 측면에서도 우리나라 저널리즘의 발전 상황은 사회의 다른 분야와 견주어 크게 뒤떨어지지 않는다. 오히려 우리나라 미디어 산업의 성장은 이미 2000년도부터 선진국 수준과 비교해도 아주 우수한 편에 속한다. '세계신문협회(World Association of Newspapers-WAN, 2001, "World Press Trends"/이재경, 2007: 185 재인용) 조사에 따르면, 우리나라의 일간지 광고수익 규모는 2000년도에 19억 1천 4백만 달러로 추산됐다. 이 규모는 세계 1위인 미국(486억 7천만 달러)과 2위인 일본(73억2천2백만 달러), 3위인 독일(69억1천8백만 달러), 4위인 영국(42억3천5백만 달러)에 이어 세계 5위에 이르는 규모다. 이는 우리나라 신문 시장의 규모가 벌써 프랑스, 캐나다, 스페인, 이탈리아와 같은 국가들보다도 커졌다는 사실을 확인할 수 있는 수치다. 이렇게 미디어 산업 성장 측면에서도 우리나라 저널리즘 발전은 이미 선진국 수준으로 올라서 있고 이 발전은 오늘까지도 지속되고 있다고 할 수 있다.

(3) 뉴스 측면

그러나 우리나라 언론들이 생산하는 뉴스의 품질 측면에서 보면 우리나라 저널리즘에 대한 평가는 형편없이 뒤떨어진다. 언론의 뉴스 내용 수준과 국민들의 언론에 대한 신뢰도가 심각한 지경으로 아직도 발전도상 단계라고 할 수 있다. 이런 결과는 뉴스 품질의 후진성이 주원인으로 몇 가지 이유를 이재경(2007: 186-191)은 다음과 같이 지적하고 있다. 먼저, 해외 언론사들과의 경쟁이 없는 국내 뉴스 시장구조에서 찾는다. 국내 언론인들끼리만 경쟁을 하다 보니 저널리즘의 국제 기준에 관심이 없다는 것이다. 다음은 뉴스 품질 향상을 위한 연구개발 노력이 없는 이유다. 구조적으로 보호 장벽이 있는 저널리즘 시장에서 해외 언론사와 경쟁하는 연구개발 투자가 필요하지 않았다는 현실이다. 더 나아가 기자들 교육투자도 아주 미미한 수준에 머물러 있다. 마지막으로, 언론사의 급속한 정파성의 강화 문제를 꼽고 있다. 1990년 후반 진보와 보수의 갈등 고조로 언론사들은 객관적 사실보다는 정파적 정치투쟁 도구로 활용되거나 스스로 도구가 되었다고 지적한다. 그 결과 저널리즘 정체성의 혼란으로 급속한 언론의 신뢰도 하락으로 이어졌다는 것이다. 한국 언론은 OECD 국가 중 자국민으로부터 제일 신뢰받지 못하는 신뢰도 꼴지의 언론이라는 불명예를 최근까지도 벗어나지 못하고 있다 (Reuters Institute, 2023). 더 나아가 설상가상으로 지역 언론들은 인력난 등으로 일일 뉴스 제작에도 힘든 상황에서 심층성, 탐사성, 현장성을 강조하는 시사프로그램은 지속적으로 축소, 폐지되는 현실에 처해 있다 (한선, 2023: 184). 저널리즘의 질적 측면은 점점 위기를 맞는 지경에 이르고 있는 것이다.

우리나라 저널리즘 발전 현황을 요약해 보면, 외형적으로는 세계적인 수준으로 성장을 했으나 언론이 만들어 낸 뉴스 상품의 품질 면에서는 아주 초라한 수준이고 심각한 문제를 가지고 있다. 따라서 전직기자들이 지적하는 것처럼, 독자로부터 뉴스의 신뢰도가 하락하고, 저널리즘의 사회적 기능도 계속적으로 퇴화하는 지경에 이르렀다 (이재경, 2007: 186). 오늘날은 과거 권위주의 시대 뉴스 제작 과정에서 국가 권력이 사전 사후 검열을 하던 시절을 벗어난 지 오래다. 그럼에도 불구하고 언론의 자유에 크게 영향을 주는 요인은 오히려 기자나 언론사의 이해관계에 의한 자기검열이 주요 요인이 되고 있다 (Sa, 2013b). 기자는 저널리즘의 기본을 생각하고 뉴스의 신뢰도를 높이기 위하여 진실을 보도하는 일에 충실해야만 한다.

지금까지 탈진실의 시대에 저널리즘이 무엇인지, 그리고 저널리즘 역할의 연구 및 실제는 어디까지 와 있는지 살펴봤다. 또한, 저널리즘의 발전 정도를 어떻게 평가하는지도 검토했다. 다음 장에서는 미디어와 여론에 대하여 공부하기로 한다. 여론 형성에 미디어가 어떻게 영향을 주는지 지금까지 나온 이론들을 중심으로 알아보기로 한다.

제4장. 미디어와 여론

미디어와 여론은 아주 밀접하게 관련돼 있다. 미디어는 공론장으로서 여론 형성에 중요한 역할을 한다. 이번 장에서는 현재 우리가 사는 시대에 공론장은 무엇인지 먼저 살펴보고, 미디어 사회와 여론의 관계를 알아본다. 끝으로 여론은 무엇이고, 여론 형성에 미디어는 어떻게 영향을 미치는지 지금까지 나온 이론을 중심으로 검토하기로 한다.

1. 공론장 이해

1) 공론장이란?

공론장은 근대 사회에서 여러 사람이 함께 공적 논쟁 및 토론을 할 수 있는 장소나 환경이라고 할 수 있다. 미디어는 커뮤니케이션 과정을 통해 사회의 다양한 의제들을 선정, 토론의 장을 마련하고 사람들의 의견을 반영해 대량으로 확산하며 공론장의 역할을 한다.

(1) 하버마스의 공론장

하버마스(Habermas, 1962/김병철, 2005: 136 재인용)는 공론장을 이성적인 공적 사용을 전제조건으로 모든 시민들이 아무런 제약 없이 자유롭게 토론에 참여하여 공익과 관계된 의제들을 서로 논의하고 여론을 만들어 가는 사회적 삶의 한 영역이라고 규정했다. 하버마스의 분석에 따르면, 시민 사회의 부르주아들은 함께 모여 자유롭고 개방적으로 대화와 토론을 하며 공공의 관심사에 대해 논의를 하고, 이렇게 만들어진 여론은 왕이나 군주가 장악한 절대주의 국가를 견제 및 비판하는 기능을 했다는 것이다. 그러나 부르주아 공론장이 17~19C 전반까지 발전된 과정을 살펴보면, 국가 권력과 자본 논리에 통제되는 언론이 나타나며 공론장의 비판 기능이 사라지고 공중은 방관자로 전락해 버렸다는 것이다. 처음에 언론은 공론장에서 공공 문제에 대해 함께 논의하게 돕고, 토론장에 시민들이 참여할 기회를 제공함으로써 공론장의 성장 및 발전에 순기능을 했으나 이제는 그것을 억압하는 역기능을 하고 있다며 이와 같은 변형을 하버마스는 공론장의 재봉건화라 규정했다.

권력과 소통의 관계에 있어 레인골드(Rheingold, 1993)는 새로운 소통 영역이 거대 자본이나 정치권력에 의해 장악되는 상황을 경계할 필요가 있음을 강조했다. 경계 이유는 사이버 공동체를 가능하게 해주는 새로운 소통 기술은 일반 시민들에게 비교적 낮은 비용으로 지적, 사회적, 상업적, 정치적 수단을 제공하는 잠재력이 있다. 그러나 문제는 기술이 기본적으로 이 같은 잠재력을 완벽하게 잘 실현할 수 없으므로 거대 자본이나 권력이 새로운 소통 기술을 장악하기 전에 많은 사람들이 먼저 이용 방법을 익히고, 식견을 가진 시민들이 슬기롭고 현명하게 이용을 해야 할 것이라고 강조했다.

그러나 하버마스의 공론장 개념에 대해 비판적인 학자들의 목소리가 많다. 료타르(Lyotard)처럼 후기 구조주의 학자들은 하버마스의 공론장이 전제한 자율적이며 이성적인 주체는 계몽주의의 이상주의라고 비판했다. 현대 사회는 이성적 측면과 비이성적 측면이 서로 혼합돼 나타나는데 이에 대한 충분한 설명이 안 된다는 것이다. 또한 네트와 클루게(Negt & Kluge) 같은 학자들은 프롤레타리아 공론장 개념을 적용해 하버마스의 공론장 개념을 비판하고 있다. 이들은 공론장이 합의를 이끌어 내는 공간이 아니라 사회 현실의 모순을 드러내고 투쟁하는 대립의 공간이라고 했다. 따라서 헤게모니적 투쟁을 통한 계급 역할이 강조되는 프롤레타리아 공론장 개념을 제시한다. 다시 말해 공장 공론장, 학생 공론장, 어린이 공론장 등을 간과했다고 지적했다. 또 다른 한편 하버마스의 공론장 개념을 페미니즘적 시각에서 비판하는 학자도 있다. 프레이저(Fraser)는 하버마스의 공론장 개념은 가부장적인 편견으로 인해 여성이 빠져있다고 비판했다. 프레이저는 부르주아뿐만 아니라 엘리트 여성, 농민, 육체노동자 등 경쟁적인 공중들이 있지만 하버마스는 이들을 공론장에 포함하지 않는 실수를 했다고 지적했다 (김병철, 2005: 136-137).

(2) 펠스키의 공론장

펠스키(Felski, 1989/김병철, 2005: 137 재인용)의 공론장은 주체, 성별, 그리고 정치적 저항에 바탕을 두어야 한다고 주장했다. 펠스키는 네트와 클루게와 같은 페미니스트 후기 구조주의자들의 비판을 종합적으로 분석했다. 분석 결과 공론장은 주체의 다양성을 고려해야 함은 물론 성별의 차이도 설명하고 특히 정치적 저항의 경험을 고려해야 한다고 강조했다.

(3) 달그린과 포스터의 공론장

달그린과 포스터(Dahlgren, 1995 & Poster, 1997/김병철, 2005: 137 재인용)는 하버마스의 공론장 개념이 전제조건으로 하는 이성적 측면뿐만 아니라 비이성적 측면까지 설명할 수 있는 새로운 공론장 개념을 확립하고 있다. 즉 포스터는 하버마스 공론장 개념의 전제조건인 이성적 논의를 바탕으로 한 합의 결과에 관해 문제 제기를 하고 대중들의 일상적 담론이 모두 이성적일 수는 없고 또 토론을 한다고 해서 꼭 합의에 도달하는 것도 아니라고 주장했다. 비합리적 토론도 그 나름대로 일리가 있고 중요하다는 것이다. 달그린은 온라인 미디어 등장은 기존 공론장의 공간 탈피와 참여 확장으로 공사의 경계가 없어져 과거 사적 영역에 머물렀던 사항들이 공적 영역으로 포함된다고 주장했다. 오늘날 우리가 살아가는 사회의 미디어는 하버마스가 강조한 이성적 측면뿐만 아니라 비이성적 측면까지도 고려를 해 더욱더 완전한 공론장 기능을 수행할 수 있다고 강조했다.

2) 한국의 공론장

우리나라의 공론장은 해방 후 6.25 전쟁과 남북 분단이라는 구조적 틀의 냉전 반공 이데올로기의 한계 안에서만 허용을 했다. 그래서 윤평중(2001)도 우리나라 공론장은 '냉전 반공주의'와 결합한 '경제 물신주의'를 가장 압도적인 이데올로기로 생산했다고 지적했다. 즉 반공주의 한계 내에서만 허용함으로써 공론장의 기형적이고 편향적인 성격을 강제했다고 할 수 있다. 이러한 보수 편향적 지형 속에서 우리 사회의 기형적 공론장이 성장을 했다. 이런 결과로 우리나라 공론장은 '냉전 반공주의'와 결합한 '경제 물신주의'를 가장 압도적인 이데올로기로 생산했다는 것이다. 즉 이성적 토론이 되기 힘들고 다른 생각이나 관점 또는 비판을 하면 빨갱이 공산주의로 매도해 왔다는 것이다 〈자세한 사항은 '제10장 뉴스 여과장치로써 이념' 참조〉. 이런 분위기는 우리나라가 해방 이후 오랜 기간 이어진 군사독재 및 권위주의 통치로 만들어진 결과라고 할 수 있다. 이런 사회분위기는 공공의 제도보다 사적관계의 사회망을 더 신뢰하는 결과로 이어졌다. 그러다보니 이성적 사고보다는 같은 학교, 같은 지역, 같은 핏줄 등의 연고주의를 기반으로 하는 니편 내편의 감성이 더 강하게 지배하게 되었다. 더 나아가 돈이 사람보다 우선하고 정의가 되고 종교가 되다 보니 수단·방법 가리지 않고 물질적 욕망을 채우는 경제 물신주의가 팽배한 사회가 되었다.

우리는 왜 냉전 반공주의와 결합한 경제 물신주의 사회가 되었는가? 이렇게 된 배경을 간략하게 알아보기로 한다. 일제식민지로부터 광복 후 우리나라는 강력한 반공주의를 표방하는 미군정(1945년에서 1948년)에 의해 통치가 되었다. 해방 후 오랜 일제식민지 시기에 친일을 하며 이익을 챙긴 친일파/민족반역행위자를 처벌하려고 반민족행위처벌법(반민법)과 반민족행위특별조사위원회(반민특위)가 구성되었다. 반민특위는 일제강점기 친일파의 반민족행위를 조사하고 처벌하기 위해 1948년부터 1949년까지 활동을 목표로 설치되었다. 그러나 친일파를 처벌하지 못하고, 거꾸로 친일 반민족 세력에 의해 강제로 해체되고 말았다. 친일 경력이 있는 다수가 채 1년도 되지 않아 다시 권력을 쥐게 되었다. 이들은 미군정의 강력한 반공주의를 그대로 따랐다. 이후 남한은 오랜 세월 친일그룹 그리고 군사쿠데타 세력에 의해 강력한 반공주의 통치를 이어갔다. 반공주의는 논리적인 이론이나 사실의 근거 없이 모호한 개념으로 정적을 비난하거나 공산주의 등으로 몰아 탄압하는 데 아주 효과적인 통치 수단이었다 〈자세한 사항은 '제10장 뉴스 여과장치로써 이념' 참조〉. 이런 결과로 냉전 반공주의와 결합한 경제 물신주의 사회 즉, 정의나 도덕을 생각하기보다 경제, 자본, 돈이라는 이익을 우선하는 경제물신주의 사회가 된 것이다.

우리가 얼마나 물질주의에 빠져 살아가고 있는지 몇 개 선진국의 중산층 기준을 비교하며 다시 생각해 보기로 한다. 이와 관련한 《조선일보》(권혜련, 2017.09.19) 보도 내용은 한국, 미국, 영국, 프랑스의 중산층 기준을 다음과 같이 다루고 있다:

▲ 한국의 중산층 기준
    a. 부채 없는 아파트 30평 이상 소유.
    b. 월 급여 500만원 이상.
    c. 자동차는 2,000CC급 중형차 이상 소유.
    d. 예금액 잔고 1억원 이상 보유.
    e. 해외여행 1년에 한 차례 이상 다닐 것.

▲ 미국의 중산층 기준
    a. 자신의 주장에 떳떳할 것.
    b. 사회적인 약자를 도울 것.
    c. 부정과 불법에 저항할 것.
    d. 그 외, 테이블 위에 정기적으로 받아보는 비평지가 놓여 있을 것.

▲ 영국의 중산층 기준
    a. 페어플레이를 할 것.
    b. 자신의 주장과 신념을 가질 것.
    c. 독선적으로 행동하지 말 것.
    d. 약자를 두둔하고 강자에 대응할 것.
    e. 불의, 불평, 불법에 의연히 대처할 것.

▲ 프랑스의 중산층 기준
    a. 외국어를 하나 정도는 할 수 있어야 할 것.
    b. 직접 즐기는 스포츠가 있어야 할 것.
    c. 다룰 줄 아는 악기가 있어야 할 것.
    d. 남들과 다른 요리를 만들 수 있어야 할 것.
    e. '공분'에 의연히 참여할 것.
    f. 약자를 도우며 봉사활동을 꾸준히 할 것.

위의 각국 중산층 기준과 관련하여, 언론기사에서 서울대 사회학과 이재열 교수는 "출처도 불분명하고 단순 비교도 어려운 주제를 다룬 이 글이 인기를 끄는 것은, 경제가 어려워 자신이 중산층이라고 생각하는 사람들이 소수가 되면서 그만큼 중산층에 대한 관심이 커진 현실을 반영하는 것"이라며 "특히 중산층이란 주제에 우리 사회 구성원들이 무엇을 갈망하는지 반영하고 있다"고 했다. 여기에서 주목할 대목은 바로 '우리 국민들이 갈망하는 것'이다. 위에서 살펴본 것처럼 중산층에 대한 각국의 기준은 아주 많이 다르다는 것을 알 수 있다. 그러나 한 가지 명확한 것은 우리나라는 미국, 영국, 프랑스와 달리 처음부터 끝까지 모두 경제/물질/돈에만 기준을 두고 있다는 사실이다. 그러나 다른 세 나라 모두는 공통적으로 포함되는 부분이 있다. 그것은 바로 '약자를 도와야 한다'와 '부정과 불법/공분에 참여할 것'이라는 사항이 있다. 우리나라 국민들이 갈망하는 것과 많이 다른 지점이다. 사회분위기가 이렇다 보니 우리나라에서는 노블레스 오블리주가 작동을 하지 않고 경제적 이익 앞에 지도층들의 부도덕과 비리가 넘쳐나며 조금이라도 경제적 손실이 발생하는 것을 용납하지 못한다. 아무리 훌륭한 기술과 높은 지식이 있어도 윤리/도덕을 기반으로 하지 않는 기술과 지식은 사람을 해치는 흉기가 될 수 있다 (사은숙, 2017: 31).

3) 미디어와 문화생산자

여기에서 미디어와 문화생산자에 대해 한 번 알아볼 필요가 있다. 사회학자 피에르 부르디외(Pierre Bourdieu, 1993)는 한 사회의 문화생산자들은 경제적·상징적으로 그 사회를 지배한다고 했다. 이 말은 기득권층은 문화생산자로서 경제·사회·문화적으로 그 사회를 지배하고 있다는 의미다.

불행하게도 한국 사회의 지배적 문화생산자들은 친일과 독재에 협력하며 축적한 경제적, 문화적 기득권으로 정보와 문화 등 대부분의 분야를 지배하고 있다고 할 수 있다 (Sa, 2009b: 19). 한국 언론의 역사는 권위주의 통치하에서 정치권력과 파트너십을 통해 동맹관계를 유지해왔다. 이런 관계가 한국 사회에서 해방 이후 70여 년이 넘는 오랜 세월 동안 친일과 독재 그리고 보수그룹으로 이어진 권력이 유지될 수 있었던 기반이 되었다고 할 수 있다. 군사독재나 권위주의 통치하에서는 언론의 다양한 편집자 권한을 허락하지 않았다 (Sa, 2009b). 이것은 언론 시장에서 기존 언론사들에게 독점권을 주게 되었고, 이 언론사들은 사회적 힘을 얻게 될 수 있었다 (Park, Kim & Sohn, 2000). 오랜 기간의 권위주의 통치로 인해 보수적 요인들은 한국 사회에서 대부분의 각 분야에 걸쳐 진보적인 요인들보다 더 강력한 힘을 발휘해 왔다. 그러나 이들의 카르텔은 진보적이라고 할 수 있는 김대중·노무현 두 정부를 거치며 한때 위협을 받기도 했다.

한국에서 문화생산자로서의 언론의 역할 특히 주류 보수 언론의 역할은 간과할 수 없다. 언론학자 김승수(2005)는 우리나라 사기업 언론 사주들을 다음과 같이 평가하고 있다. 한국 사회의 언론 자본가들은 서로의 다른 점과 갈등을 악화시키고, 더 나아가 강자들이 사회적 약자들을 지배하게 도움으로써 사회적 약자들이 지배당하는 것을 강요하기도 했다. 더 나아가 그들에게 긍정적 여론을 형성하기 위해 조·중·동과 재벌 중심의 언론 환경을 만들어 내기도 했다. 앞에 제2장 한국 언론의 역할에서 살펴본 바와 같이 우리나라 주류 보수 언론들은 한국의 풀뿌리 민주주의를 발전시키는 데 이바지하기보다 자신들 이익을 지켜줄 정치권력 창출 및 권력 쟁취에 더 강력하게 관계하고 있다 (Sa, 2009b: 23-24).

그래서 민주주의 사회에서는 시민의 역할이 중요하다. 민주주의와 시민의 역할과 관련해 토크빌이라는 학자는 다음과 같은 주장을 했다: '민주사회에서 독재 권력은 시민의 무관심과 이기주의로부터 싹트고, 자유는 시민이 공공문제에 관한 관심을 유지할 때만 생존한다'라고 강조했다. 이 말은 시민들이 사회의 공공문제에 관심이 없고, 내 일이 아니라고 다른 사람의 부당함에 무관심하다면, 민주주의 사회에서 독재 권력은 언제든지 나타날/들어설 수 있다는 것이다.

2. 미디어 사회와 여론

오늘날 우리는 다양한 미디어에 의해 넘쳐나는 정보의 홍수 속에 살아가고 있다. 미디어의 영향력은 실로 거대하며 우리가 살아가는 데 있어 정치·경제·사회·문화 등 어느 한 분야에 국한되지 않고 모든 분야에 걸쳐 영향을 미치고 있다. 이런 과정을 통해 여론이 만들어지기도 하고, 형성된 여론은 또 여러 가지 분야로 영향력을 행사하기도 한다. 대표적으로 정치적, 사회적, 문화적 측면에서 미디어의 영향력을 알아본다.

먼저, 정치적 측면에서 미디어의 영향력을 살펴보면, 정부의 정책이나, 홍보 등을 국민에게 전달하고, 언론은 주요 사안에 대해 토론의 장을 마련해 준다. 공직에 나선 후보자들을 대중에게 알리며 풍부한 정보와 의견을 전달함으로써 형성되는 여론은 민주적인 정치를 만들어 가는 과정의 중요한 요소가 되기도 한다. 또 미디어에 대해 정치인이나 정부 관료들이 관련법이나 정책을 제정하는 등 합법적인 권리를 행사할 수 있는 상대적 특권을 주기도 한다. 더 나아가 현대사회는 정치와 미디어의 관계가 한 국가 내에 머물지 않고 세계화 되면서 민주적 정부든 비민주적 정권이든 정치행위를 하는 과정에 있어 더욱더 미디어에 의존하고 있다 (사은숙, 2017: 83).

다음으로 미디어의 사회적 측면에서 영향력을 살펴보면, 미디어에서 거론하지 않고서는 사회적으로 중요한 쟁점이 되기란 거의 불가능하다. 사회에서 발생하는 문제와 소통의 관계에서 권력 행사 및 나눔 문제 해결 방안 모색, 사회 변화 과정 등 사회의 기본적인 문제들은 거의 모두가 소통으로 이어진다. 이는 공적 커뮤니케이션 수단인 신문, 방송, 인터넷 언론은 물론 SNS 등에 의해 뉴스나 의견, 삶의 이야기, 드라마, 오락 등의 형태로 대중에게 전달된다. 국민들은 이러한 사회적 정보를 읽고, 보고, 듣고 하면서 사회의 구성원으로 여론을 만들어 내기도 하며 살아간다 (83).

또한 문화적 측면의 영향력을 살펴보면, 미디어는 사회의 정의와 이미지에 대한 일차 정보원으로 유통되는 정체성을 표현하는 데 가장 많이 이용된다. 미디어가 제공하는 문화는 국민들이 믿고 따를 수 있는 표준이 된다. 기획되거나 만들어진 이미지라 하더라도 그 영향력은 쉽게 사라지지 않고 장기간에 걸쳐 국민들에게 깊숙이 인식돼 인생을 살아가는 나름의 기준이 되기도 한다. 이렇게 미디어는 생활문화는 물론 어느 기관보다도 다수의 사람들에게 공통되는 '문화적 환경'을 제공함으로써 여가생활에서도 최고의 중심에 서 있다. 따라서 미디어는 우리의 삶과 깊숙하게 연결돼 있다 (83).

3. 여론의 이해

1) 여론

(1) 여론이란?

　여론이란 사회를 구성하는 다수의 사람이 공통으로 제시하는 의견이라고 할 수 있다. 지금까지 여론에 대한 정의는 다양한 의견들이 존재한다. 노엘 노이만(Noelle-Neumann, 1991)은 여론은 사람들이 다수의 의견으로부터 자신이 고립되지 않게 하려고 어떤 사안에 대하여 공개적으로 나타내는 의견이라고 했다. 또 김재범과 이계현(1994)은 여론은 수용자 자신이 속한 사회-경제적 지위와 경험 그리고 이에 따라 조건 지워진 성향과 같은 수용자들의 주관적 인식과 사회현상을 묘사하는 미디어의 보도 내용과 상호 교차하는 지점에서 형성되는 집단적 의견이라고 했다.

　여론을 비판적인 관점에서 정의를 하는 시각도 있다. 토크빌(Alex de Tocqueville)은 '여론'이란 반대의 목소리를 질식시키고 개인의 자유를 위태롭게 만드는 다수의 견해일 뿐 언제나 '공적(public)' 의견은 아니라고 했다 (김재범·이계현, 1994). 또한 이와 비슷하게 회의적인 관점에서 여론을 정의하는 시각도 있다. 리프먼(Lippmann)은 일반적으로 여론으로 일컬어지는 것은 "번쩍이는 이미지들의 결합, 표피적인 인상, 스테레오타입, 편견, 이기심의 반영"에 불과하다고 했다. 보통 사람들은 세계를 간접적으로 접하며, 그들은 사물에 대한 정의를 무작위로 결정하는 것이 아니라 오히려 그들의 문화가 요구하는 스테레오타입에 의해 정의를 내린다는 것이다. 리프먼은 여론이 기반으로 해야 할 사실들의 접근을 방해하는 것들로 "인위적인 검열, 언론인의 제한된 사회적 접촉과 시간, 생활의 일상적 관행을 위협하는 사실들을 직면하는 데 뒤따르는 공포, 편견과 이기심이 우리의 빈약한 정보에 미치는 영향, 사사로운 의견들이 여론으로 정형화되는 것" 등을 들었다 (강준만, 2017: 28-29).

더 나아가 버내이스(Bernays, 1923/2022: 79-80)는 "여론은 불분명하고 변덕스러우며 바뀔 수 있는 개인의 판단 모음을 설명하는 용어"라고 했다. 여론은 사회나 집단을 구성하는 사람들의 개별 의견(어떨 때는 획일적이고 어떨 때는 상충되는)의 총합으로, 여론을 이해하려면 집단을 구성하는 개인으로 되돌아가야 한다고 했다. 평균적인 개인의 정신은 일상에서 육체적으로나 정신적으로 영향을 받는 일들에 대한 판단의 모음으로 구성된다는 것이다. 이러한 판단은 일상생활에서 도구로 사용되지만, 연구와 논리적 추론에 근거한 판단이 아니라 대부분 부모나 교사, 교회, 혹은 사회·경제·기타 분야에 있는 지도자의 권위에 따라 독단적으로 받아들인 판단이라는 것이다 (80).

여론을 바꾸려는 세력의 영향력은 확고한 견해를 성공적으로 얻어낼 수 있는지 여부에 달려 있다. 대중이 완고하다는 가설과 대중이 쉽게 흔들린다는 가설 사이에는 중간 지점이 존재한다. 언론과 학교, 교회, 영화, 광고, 강의, 라디오는 모두 대중의 요구에 대체로 순응한다. 대중은 이와 똑같은 커뮤니케이션 매체의 영향력에 동등한 수준으로 반응한다 (115). 여론을 형성하는 기관은 대중의 요구에 부응한다. 대중은 이러한 기관에 동등한 수준의 반응을 보인다 (120). 여론 형성 주체는 확고한 관점을 지닌 집단으로부터 지지를 얻어야 한다. 이것은 언론뿐만 아니라 다른 세력도 마찬가지다 (121).

2) 미디어와 여론 관련 이론

여론 형성에 미디어의 영향력이 크게 작용한다. 미디어가 여론에 미치는 영향력과 관련한 연구는 단순히 미디어에 담겨있는 메시지 내용이 수용자들에게 미치는 영향력을 연구하는 수준에 머물러 있지 않다. 어떤 특정한 이슈가 여론을 형성하는 과정 및 성격과 수용자들의 특성을 다양한 시각에서 설명할 수 있어야 한다. 따라서 이제까지 미디어와 여론 형성 관련한 많은 연구가 있어 왔다. 그중에서 탄환 이론, 2단계 유통 이론, 이용과 충족 이론, 의제설정 이론, 프레임 이론, 점화효과 이론, 침묵의 나선 이론, 제3자 효과 가설을 중심으로 언론과 여론의 관계와 그 영향력에 대해 좀 더 알아보기로 한다.

(1) 탄환 이론

탄환 이론(the Bullet Theory)은 미디어 효과에 관한 최초의 이론으로, 미디어는 대중에게 직접적이며 즉각적으로 강력하게 영향을 미친다는 이론이다. 미디어 메시지는 마법의 탄환처럼 수용자 개인의 마음에 직접 영향을 미쳐 행동을 불러일으킨다는 것이다. 이러한 효과는 개인의 사회적·심리적 속성의 차이와 관계없이 획일적으로 일어난다는 주장이다 (이상훈·김요한, 2013: 133).

탄환 이론의 배경은 대중사회의 출현, 매스컴의 본격 보급, 그리고 제1차 세계대전, 독일, 러시아혁명의 선전 효과로 볼 수 있다. 첫째, 대중사회(mass society)가 출현하며 구성원들은 원자화되고 고립된 이질적 존재가 되었다. 복잡한 도시환경으로 인하여 사람들은 심리적 불안과 긴장 속에 카리스마적 인물이나 집단 선동에 쉽게 집합적 행동을 하는 경향이 있다. 그 결과 사회 변혁이나 전체주의가 등장하게 되면서 사람들은 강력한 영향을 가진 매스컴에 의해 쉽게 영향을 받을 수 있다. 두 번째 탄환이론의 배경으로 매스 미디어의 본격적인 보급을 들 수 있다. 서적·신문은 복제 기술과 사회 발달, 교육 보급으로 독서층이 확대돼 대중매체로 일반화됐다. 라디오·영화는 대중매체가 발달할수록 영향력이 커지고, 대중은 거기에 더 깊숙이 빠져 의존도가 높아지며 자리를 잡게 됐다. 미디어가 발달할수록 대중이 깊이 빠져들고 의존도가 높아지며 미디어의 효과는 좋은 것인가 아닌가 하는 등 논쟁이 되기 시작했다. 그러면서 커뮤니케이션 현상과 효과에 대한 최초의 학설이라고 할 수 있는 탄환 이론이 나오게 되었다. 세 번째 탄환 이론의 또 다른 배경은 제1차 세계대전, 독일, 러시아혁명의 강력한 선전 효과와 매스 미디어의 엄청난 위력에 기반하고 있다. 선전 효과의 초기 대표 연구는 해롤드 라스웰(Harold Lasswell)이 1927년 '세계대전에서의 선전 기법(Propaganda Technique in the

World War)'을 저서로 출간하며 선전 효과가 증명되었다. 제1차 세계대전 당시 선전이 영국과 미국 국민들에게 독일에 대한 적대감을 유발시키는 큰 효과를 거두었다는 사실을 밝혀 '탄환 이론'이 지지됐다 (133-136).

(2) 2단계 유통 이론

2단계 유통 이론(Two Step Flow Theory)은 정보의 영향력은 의견 선도자(opinion leader)에 의해 대중/수용자에게 전파된다는 이론이다. 2단계 유통 이론은 라자스펠드(Lazarsfeld) 등이 1940년 미국의 대통령 선거 기간에 매스 미디어가 유권자들의 투표 의사 결정에 어떠한 영향을 미치는가를 조사하는 과정에서 제시됐다. 연구 결과 매스 미디어는 유권자들의 투표 의사 결정을 변경하는 데 극히 제한된 효과만을 발휘한 것으로 나타났다. 선거 유세 시작 전에 유권자 80%가 이미 의사 결정을 했으며, 이 과정에서 매스 미디어보다 의견 선도자의 대인적 영향력이 더 큰 영향을 미쳤던 것으로 나타났다. 즉 미디어의 정보나 영향력은 곧바로 그 수용자 대중에게 흐르는 것이 아니라 2단계, 즉 일단 의견 선도자를 거쳐서 다시 대중에게 흐르는 것을 발견하고, 라자스펠드는 이를 1948년에 '커뮤니케이션의 2단계 유통 가설(Two-Step Flow of Communication Hypothesis)'이라는 이름으로 발표했다 (이상훈·김요한, 2013: 138-139).

2단계 유통 이론의 중요한 가정은 첫째, 인간은 사회적으로 고립되어 있지 않고, 사회 집단의 성원으로서 다른 사람들과 상호작용을 한다. 둘째, 미디어 메시지에 대한 수용자 개인의 생리적 반응과 심리적 반응은 즉각적이거나 직접적으로 일어나지 않고, 타인과의 사회적 관계에 영향을 받으며 나타난다. 셋째, 매스 미디어로부터 메시지가 전달되는 과정에서 수용자 개인은 서로 다른 역할을 한다. 넷째, 커뮤니케이션 과정에서 적극적이며 능동적 역할을 하는 의견선도자는 대부분 매스컴 접촉도가 높고, 타인과 교제가 많으며, 자신이 타인에게 영향력 있고, 다른 사람들에게 정보원과 인도자로서 역할을 한다고 스스로 생각하는 사람들이다 (139).

의견 선도자는 대체로 다른 사람에 비해 교육 수준, 명성의 정도, 경제적 수입 등이 높은 것으로 나타났다. 중요한 점은 의견 선도자가 군대, 정부, 회사 등 공식적 집단을 이끄는 공식적 지도자와는 다르다는 것이다. 의견 선도자는 비공식적이고 때로는 잘 드러나지 않는 경우도 있으나 특정 분야에서 영향을 미친다. 의견 선도자는 각 분야별로 다르게 나타났는데 예를 들어, 마케팅 분야의 의견 선도자는 같은 분야의 사회·경제적 지위를 가진 사람으로, 패션 부문은 미혼 여성이 기혼 여성보다 의견 선도자인 경우가 많았으며, 공공 문제에 있어서 의견 선도자는 중위권 이상의 지위에 있는 사람들이 의견 선도자인 경우가 많았다 (140-141).

(3) 이용과 충족 이론

이용과 충족 이론(the Theory of Uses and Gratifications)은 수용자가 기분 전환, 인간관계 형성, 개인적 정체성 확인, 정보 추구 등과 같은 특정 욕구 충족을 위해 매스 미디어나 특정 콘텐츠를 능동적으로 이용한다는 이론이다. 사실상 이론이라기보다 대중 소통 연구를 위한 하나의 접근 방법 또는 연구 모형이라고 볼 수 있다. 즉 이용과 충족 이론은 사람들은 왜 미디어를 이용하며, 미디어 이용을 하도록 사람들에게 동기를 부여하는 것은 무엇이며, 그로 인해 충족되는 것은 무엇인가를 설명하는 것이다 (이상훈·김요한, 2013: 142-143).

이용과 충족이라는 개념을 처음 제시한 학자는 카츠(Katz)이다. 그는 1959년 버나드 베럴슨(Bernard Berelson)이 당시 커뮤니케이션 연구의 동향을 밝히면서 "커뮤니케이션 연구 분야는 계속 시들어가고 있다(the state is withering away)"고 주장한 내용을 반박하며 이용과 충족의 개념을 제시했다. 카츠가 제시한 새로운 접근법은 '미디어가 수용자에게 무엇을 하는가(what the media do to people?)'가 아니라, '수용자가 미디어를 이용해서 무엇을 하는가(what people do with media?)'에 관심을 두어야 한다는 주장이다. 즉 자신의 관심에 따라 특정 미디어나 콘텐츠를 이용할 동기가 발생하며, 이용을 통해 특정 욕구를 충족시킨다는 것이다. 1974 카츠, 블럼러(Blumler), 구레비츠(Gurevitch) 등은 이용과 충족 이론은 다음과 같은 전제가 있어야 한다고 주장했다. 첫째, 미디어 수용자가 능동적이고, 수용자의 미디어 이용은 목적 지향적이다. 둘째, 대중 소통 과정에서 욕구 충족과 연관된 주도권과 미디어 선택이 대부분 수용자에게 달려 있다. 셋째, 미디어는 인간 욕구 충족을 위해 다른 다양한 수단과 경쟁을 한다 (143).

매스 커뮤니케이션 이론 중에서 이용과 충족 이론은 가장 폭넓게 활용된다. 미디어별 특성이나 이용 동기 비교 조사, 뉴미디어 이용 동기 조사, 텔레비전 시청자 조사나 광고 이용 행태 조사 등에서 활용되고 있다. 각 미디어별 특성을 비교함으로써 이용자의 미디어 이용 동기와 각 미디어의 욕구 충족 정도를 파악하고 차이를 분석할 수 있다. 그럼으로써 해당 미디어 종사자들이나 연구자들은 특정 동기를 충족시켜 줄 콘텐츠를 개발하거나 미디어 발전을 위해 이런 정보를 활용할 수 있다 (144-145).

(4) 의제설정 이론

일반적으로 사람들은 세상 소식을 언론을 통해 보고 듣는다. 의제설정 이론(a Theory of Agenda-Setting)은 언론이 보도하면 그 소식을 알고, 자주 크게 보도하면 중요함을 안다는 것으로, 언론이 중요하게 보도하는 의제가 대중에게도 중요하게 인식된다는 이론이다. 반면, 언론이 보도를 하지 않으면 그 소식을 모르고, 작게 보도하면 중요하지 않게 생각한다는 것으로, 언론은 사회 이슈를 주도하고, 특정 방향으로 사람들 생각을 편향시킬 수 있다.

의제설정 이론의 시작은 리프먼(Lippmann, 1922)의 저서 여론(Public Opinion)에서 미디어 수용자가 직접적으로 경험하기 어려운 외부 세계의 사건이나 문제들을 보여주는 역할을 하는 미디어가 대중에게 정보를 제공하고 이야기한다고 하는 말에서 출발했다. 이러한 리프먼의 언급에서 의제설정 이론은 영감을 얻어 여론이라는 것은 근본적으로 현실에서 실제로 일어나는 현상에 대하여 반응하는 것이 아니라 미디어가 의제설정을 해 만들어 낸 '유사환경(pseudo-environment)'에 대한 반응이라고 보았다(McCombs, 2004). 따라서 의제설정 이론은 미디어가 전달하는 정보가 비록 진실이 아니더라도 미디어 수용자에게 영향을 미칠 수 있다는 것이다.

1968년 미국에서 있었던 대통령 선거를 배경으로 맥콤스와 쇼(McCombs & Shaw, 1972/양승찬, 2010: 77 재인용)는 뉴스 미디어에 의해서 제공되는 정보가 유권자의 현실 인식에 있어 중요하게 영향을 미칠 수 있다는 것을 제안했다. 사회에서 대중을 이루는 유권자들이 뉴스 미디어가 많이 강조하는 사안을 최고로 중요한 이슈로 인식한다고 맥콤스와 쇼가 주장하면서, 이 같은 미디어가 미치는 영향력을 의제설정이라고 제시했다.

또한 캐롤과 맥콤스(Carroll & McCombs, 2003/차희원, 2015: 249-250 재인용)는 의제 설정 효과를 1차와 2차로 구분해 비즈니스 분야에 접목하기도 했다. 1차는 대상의 현저성과 2차는 속성과 관련 있다. 특히 2차 의제 설정 효과는 공중의 지각에 초점이 있는데, 본질적(substantive)이고 평가적(evaluative)인 2가지 차원으로 설명하고 있다. 본질적인 속성은 이념, 성향, 경험, 혹은 개인적인 특성 등을 포함하고, 평가적 속성은 긍정 또는 부정과 같은 감정이나 어조를 의미한다. 캐롤과 맥콤스는 이에 기반하여 매스 미디어가 기업 명성에 미치는 영향을 의제 설정 이론과 연결하여 설명하기도 했다. 이들은 기업 명성과 미디어 의제 설정 효과에 대해 다섯 가지의 이론적 명제를 다음과 같이 제시했:

> 첫째, 미디어가 특정 기업을 많이 보도할수록 공중이 그 기업을 더 긍정적으로 인식할 것이다(1차 의제설정 효과). 둘째, 미디어가 기업의 특정 속성을 더 중요하게 보도할수록 공중은 이 같은 기업 속성에 따라 기업을 더 규정할 것이다(2차 의제설정 효과: 본질적 차원). 셋째, 미디어가 특정 속성을 더 긍정적으로 보도할수록 공중은 이 속성을 더 긍정적으로 인식할 것이다(2차 의제설정 효과: 평가적 차원). 넷째, 미디어가 기업과 관련된 본질적이고 평가적 속성을 더 많이 보도할수록 공중은 이 속성과 연관된 기업에 대한 태도와 의견에 더 영향을 받을 것이다(프라이밍 효과). 다섯째, 기업 의제를 전달하려는

기업의 PR 전략은 궁극적으로 기업 의제와 미디어 의제간 높은 일치도를 보일 것이다(의제 형성 혹은 의제 구축 효과).

캐롤과 맥콤스는 기업 명성은 대중이 기업이나 기업의 특성을 명확하게 인식한 것이라고 보았다. 이러한 기업 명성의 정의를 기반으로 미디어 가시성(media visibility)과 호의성(favorability)이 매스 미디어의 의제 설정 효과의 증거가 될 수 있다고 했으며, 미디어 가시성은 1차 의제 설정에 적용가능하고, 미디어 호의성은 2차 의제설정에 적용 가능하다고 주장했다.

(5) 프레임 이론

프레임 이론(Frame Theory)은 틀 짓기 이론이라고도 하는데, '사고의 틀'이자 '생각의 출발 지점'인 시각이 바로 프레임이다. 사회학자인 어빙 고프먼(Erving Goffman)에 의해 주창된 프레임 이론은 사람마다 사물을 바라보거나 해석할 때 사용하는 준거 틀(reference frame)과 스키마(schema: 머릿속 인지 구조)가 다르며, 누구나 적극적으로 자신만의 가치와 관점을 이용해 세상을 이해한다. 프레임은 개인, 집단, 언론 등 주체별 해석과 판단이 다를 수 있다. 개인은 개인의 생각을 주도하는 해석과 판단의 지배적인 준거 틀, 집단은 집단 내외부에서 발생하는 모든 일을 해석하고 판단하는 틀, 언론은 현실의 어떤 측면을 선택 강조해 수용자에게 설명하거나 반대로 다른 측면은 무시하는 보도 성향 등 언론이 특정 시각 중심으로 재구성해 보도할 수 있다 (이상훈·김요한, 2013: 156-157).

커뮤니케이션 분야에서 프레임 효과에 주목하게 된 것은 뉴스 생산 과정에 대한 연구가 계속 이어져 온 것이 주요했다. 인간의 정보 처리 과정에 대한 사회학, 심리학 등의 이론이 발전한 것도 중요 기반이지만 커뮤니케이션 메시지 효과 이론의 발전 토대는 커뮤니케이션 메시지 연구 영역의 발전이라고 할 수 있다. 사회학적 접근을 기반으로 언론 조직의 기능과 역할, 기자와 언론사의 뉴스 제작과정을 분석한 연구자들은 단지 뉴스로 선택되는 과정은 물론 메시지가 형성되는 과정도 중점을 뒀다 (양승찬, 2010: 96).

프레임 구성의 주체를 디트렘 쉐펠(Dietram A. Scheufele)은 언론인 개인, 미디어 조직, 사회적 압력 등이 프레임 형성에 영향을 미친다고 했다. 먼저, 직접적인 뉴스 생산자인 언론인은 자신의 이데올로기, 태도, 내면화된 전문적인 규범에 근거해 이슈에 대한 프레임을 만들고 이에 대한 의미를 부여한다고 한다. 둘째로 뉴스 조직의 형태나 특정 미디어의 정치적 성향 등이 프레임 선택에 영향을 미칠 수 있다. 언론이 헤드라인/제목, 기사 크기, 사진 등 가능한 형식적인 수단을 동원함으로써 또는 기사나 사설의 내용과 관점을 특정 방향으로 몰고 감으로써 이슈에 대한 특정 프레임을 형성할 수도 있다. 마지막으로 보다 광범위한 맥락에서 정치인, 정부, 이익집단, 엘리트 집단 등이 미디어의 프레임 결정 및 형성에 영향을 줄 수도 있다 (이상훈·김요한, 2013: 159).

언론 프레임이 수용자에게 주는 영향을 아이엔가(Iyengar)는 먼저 언론은 해석적 프레임을 통해 가치와 규범의 규정자 역할을 하며, 이것이 수용자의 인지적 프레임에 영향을 줄 수 있다. 특히 정치 현안에 더욱 크게 나타난다. 언론의 해석적 프레임은 정치 현실에 대한 수용자의 인식과 태도에 영향을 준다. 다음으로 언론의 해석적 프레임은 정치 현실에 대한 수용자의 인식과 태도에 영향을 준다. 또한 언론의 해석적 프레임은 논쟁적 이슈에 대한 수용자의 태도와 의견에도 영향을 미친다 (160-161).

프레임 이론과 의제설정 이론의 같은 점은 뉴스나 기사의 취사선택, 그리고 수용자 현실 인식 과정에서 미디어의 영향력이 있다는 것이다. 반면, 차이점은 프레임 이론은 '어떻게' 생각할 것인지 즉 특정 문제 규정, 인과적 해석, 도덕적 가치, 제시된 문제 해결 방법 등 방향을 제시한다는 것이다. 그러나 의제설정 이론은 '무엇'에 대해 즉 어떤 사안의 출현/이슈화로 생각하게 한다는 것이다.

(6) 점화효과 이론

점화효과 이론(Priming Effect Theory)은 먼저 제안되었던 의제설정 이론의 한계를 극복하려고 인지심리학의 여러 가지 개념과 가정을 바탕으로 등장했다. 인지심리학 분야에서 점화작용이라는 개념을 특별히 강조한 사건이 후속적 자극에 대한 대응에 주는 영향력을 분석하기 위해서 제안돼 이론으로 나오게 되었다.

아이옌가와 킨더(Iyengar & Kinder, 1987/양승찬, 2010: 90 재인용)는 다른 것은 무시하고 특정 사안을 강조해 사람들로 하여 이를 주목하게 하고 마음속에 무엇인가 떠오르게 하거나 결정하는데 미디어가 강력한 영향을 준다는 의미에서 점화효과 이론을 제안했다. 즉 특정 사안에 대한 미디어 보도가 정부, 대통령, 정책, 정치인에 대한 평가를 하는데 영향을 주는 점화체로 기능할 수 있다는 것에 주목 인지적인 과정과 의견이 연결되는 부분을 분석하기에 이르렀다.

의제설정 이론, 프레임 이론, 그리고 점화효과 이론의 같은 점과 차이점을 살펴보면, 의제설정 이론과 점화효과 이론은 여러 가지의 사안과 속성 중에서 특정 사안과 속성을 강조하는 저널리즘 기능에 초점을 두고 있다. 반면, 프레임 이론은 어떤 사안이 뉴스 보도에서 "어떻게" 만들어지고 구성되는가에 주목하면서 이렇게 '구성된 현실'이 미디어 수용자에게 주는 영향력에 초점이 있다 (양승찬, 2010: 96). 정리하면, 의제설정 이론과 점화효과 이론은 "출현 여부"에 중점을 두고, 프레임 이론은 "어떻게"를 기반으로 분석하는 이론이라고 할 수 있다.

(7) 침묵의 나선 이론

침묵의 나선 이론(the Spiral of Silence Theory)은 미디어의 지배적 의견 표명은 지배적이지 않은 견해에 대한 대인적 지지의 부족과 결합의 결과로, 대다수 사람들은 지배적이라 여기는 의견에 동조하며, 반대 의견은 사실상 표현되지 않고 침묵하게 된다는 것이다. 미디어의 여론 형성 영향력은 누적성, 편재성, 그리고 공명성으로 나타나는데, 누적성은 미디어 효과는 하나의 메시지로 나타나는 것이 아니라, 여러 메시지에 의해 오랜 기간 쌓여간다. 편재성은 미디어가 모든 곳에 널리 보급돼 모든 사람의 생활 속에 깊숙이 파고 들어간다. 공명성은 미디어는 다양한 형태로 존재하나 그 내용은 거의 비슷한 목소리를 내고 있다 - 통일된 상 제공. 즉, 매스 미디어가 여론에 대한 찬성이나 반대의 의견 분포(예, 여론조사 결과)를 대중에게 공개함으로써 사회를 구성하는 사람들이 어떤 사안에 대한 개인적 의견표명을 공개적으로 하는 것에 영향을 받는다는 것이다. 언론 환경의 여론분위기가 본인이 찬성하는 쪽으로 우세하다고 판단되면 본인의 의견표명을 공개적이고 적극적으로 하려 하지만, 자신의 의견이 다수 의견과 다르다고 생각하면 고립의 두려움 때문에, 침묵에 이르는 효과가 있다는 이론이다. 따라서 침묵의 나선 이론은 매스 미디어, 여론 과정, 인간의 심리가 어떻게 작동되는가를 분석한 것이라고 할 수 있다 (이상훈·김요한, 2013: 152-154).

1965년과 1972년에 서독에서 있었던 선거 예측 조사와 투표 결과 사이에 큰 차이가 생긴 현상을 설명하면서 노엘 노이만(Noelle-Neumann, 1991)은 유권자가 공개적으로 의견을 나타낼 수 있는 정도의 차이에 관심을 가졌다. 여론 환경에서 수적 차이를 비교하는 것보다 의견분위기가 사람들의 정치적 행위에 주는 영향력이 중요하다는 것을 파악 이론화를 시도했다. 즉 지지자들이 공개적으로 의견을 드러내는 에너지 열정 확신이 사람들의 정치적 행위에 영향을 준다는 것이다. 노엘 노이만에 따르면 사회는 다수 사람들로부터 개인의 이탈 행위를 소외라는 압력으로 위협하고 개인은 지속적인 고립의 두려움을 경험한다는 것이다. 이런 고립의 두려움 때문에 개인은 항상 통계에 준하는 능력을 활용해 의견분위기를 평가한다는 것이다. 따라서 매스 미디어는 서로 잘 화합하는 조화로움을 가진 의견분위기를 보여 준다. 사람들은 미디어가 보여주는 의견분위기 평가로 자신의 의견을 공개적으로 표현하거나 침묵하는 행동에 영향을 받는다는 것이다. 언론이 전달하는 내용과 다른 의견을 가진 사람들이 실제로 많을지라도 언론보도의 내용에 따라 자신의 의견이 소수라고 인식되면 공개적으로 자신의 의견을 침묵하게 되거나 언론이 제시하는 방향으로 의견을 바꾸게 되는 현상이 발생할 수 있다는 것이다.

(8) 제3자 효과

언론이 정치, 사회 과정에서 실질적으로 영향력을 행사하고 있다는 통념에도 불구하고 학문적으로는 이러한 일반적 사고를 뒷받침할 뚜렷한 증거를 충분히 내놓지 못하고 있었다. 그런 상황에 1983년 데이비슨(Davison, 1983)이 미디어 영향력에 대한 인식 과정에서 논리적으로 일치하지 않는 것이 발생하는 현상에 대해 여론 전문 학술지 'The Public Opinion Quarterly'에서 '제3자 효과(the Third Person Effect)' 개념을 여론과 관련하여 논의하면서 제안했다.

데이비슨은 일반적으로 사람들이 미디어의 메시지가 개인 자신(I)이나 함께 있는 사람(You)에게는 영향을 주지 않는다고 인식하지만 제3자인 타인(Others)에게는 상대적으로 더 많이 영향을 준다고 생각하는 경향이 있다고 주장하면서 이를 제3자 효과라고 소개했다. 또한 데이비슨은 이와 같은 언론의 영향력에 대한 편향된 인식이 개인의 태도와 행동에 영향을 주면서 최종적으로 여론 과정의 변화와 관계가 있음을 시사했다. 펄로프(Perloff, 2009/양승찬, 2010: 123 재인용)는 여러 가지 검증을 통해 이론의 정교화에 기여했고, 제3자 효과 가설의 가장 큰 특징은 전통적 미디어 효과 이론과의 차별성에 있다고 주장했다.

지금까지 살펴본 것처럼 미디어와 여론은 관련이 깊다. 미디어는 공론장으로서 사회의 다양한 의제들을 선정하고 반영해 대량으로 확산시키며 여론형성에 크게 영향을 미친다. 따라서 우리나라도 중앙선거관리위원회가 선거여론조사 결과를 공표 및 보도할 때 지켜야 하는 준칙사항들을 정하고 이를 따르도록 하고 있다 〈부록 참조〉. 다음 장에서는 뉴스가 무엇이고, 전통 언론들의 뉴스 생산 과정은 어떻게 이루어지는지 알아보기로 한다.

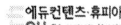

제5장. 뉴스와 뉴스 생산 과정

뉴스는 우리가 삶을 살아가는 데 있어 필요한 정보를 제공한다. 그러나 전통 언론들이 뉴스를 어떤 과정을 거쳐 생산하는지 아는 사람은 많지 않을 것이다. 따라서 뉴스가 무엇인지 먼저 이해하고, 언론의 선택 기제로 작동하는 뉴스가치와 게이트키핑에 대해 검토한다. 끝으로, 전통 언론의 뉴스 생산에 대한 연구와 실제는 어떠한지 공부하기로 한다.

1. 뉴스의 이해

1) 뉴스

(1) 뉴스란?

뉴스란 최근 발생한 새로운 소식이나 신선한 정보 및 일의 보도라고 할 수 있다. 뉴스는 신념의 체계나 규범 그리고 경향에 따라 일반적인 용어인 '뉴스가치'에 의해 세심하게 구성된다 (사은숙, 2017: 118). 그러나 오늘날은 혼종적인 미디어 환경이 되면서 뉴스의 정의도 달라져야 한다는 목소리가 나오고 있다. 매튜스(Matthews, 2003/한선, 2023: 196 재인용)는 오늘날 뉴스가 '동질적인 단일한 총체'라는 인식은 벗어나야 한다고 주장했다. 또한, 뉴스의 정의에 대한 유연한 사고가 필요하다고도 했다 (유승현·정영주, 2020). 이들에 따르면 뉴스 이용자는 기존의 전통 저널리즘이 상정하는 것처럼 '상상 속의 합리적인' 수용자만이 아니라는 것이다. 뉴스를 필요로 하는 수용자는 어린이도 있고, 교육수준이 서로 다른 사람, 또는 언어에 익숙하지 않은 사람도 있다는 것이다. 또 미디어 환경이 달라

짐에 따라 일반적인 시청자도 '시사뉴스를 모두 소화하기 어려운 경우가 많다'는 것이다. 즉 뉴스는 하나의 단일체가 아니라 사회문화적인 맥락의 변화와 뉴스에 대한 인식 변화 등을 감안하여 여러 가지 형태와 하위 장르의 양식으로 생산해야 한다는 것이다 (한선, 2023: 196-197).

(2) 뉴스의 종류

뉴스는 수용자의 심리적 보상에 따라 경성뉴스와 연성뉴스로 나눌 수 있는데, 슈람(Schramm, 1946/임영호, 2010: 34 재인용)에 따르면, 경성뉴스는 이용자들의 노력 등이 필요해 순간은 딱딱하고 지루하고 힘들지 (노력, 고통, 공포심 요구) 모르지만 장기적으로는 유익한 것이라고 했다. 예를 들어, 정치·경제·사회 문제 등 복잡한 사안이나 과학·교육·건강 등이 경성뉴스에 속한다. 반면, 연성뉴스는 이용자들에게 즐거움(쾌락)을 곧바로 제공해 복잡하고 골치 아픈 현실세계를 도피하게 해준다. 예를 들어, 섹스, 범죄, 사건, 오락 등이 연성뉴스에 포함된다.

(3) 뉴스의 목적

우리가 인생을 살아가면서 뉴스는 왜 필요한 것인가? 뉴스는 우리들 각자의 삶과 자신을 보호하기 위해, 서로의 관계를 유지하기 위해, 더 나아가 친구와 적을 구분하기 위해서도 필요하다. 미국 신문편집인협회(ASNE)의 모든 신문들이 사시에서 밝히고 있는 것처럼 뉴스 조직의 최우선 목적은 '시민의 자치 능력 강화'라고 할 수 있다. 저널리즘은 지금 무슨 일이 일어나고 앞으로 또 발생할지에 대한 정보를 전달하기 위해 사회가 고안해 낸 시스템으로, 사람들은 자신이 접하는 뉴스와 저널리즘의 성격에 대해 궁금해 하고, 뉴스와 저널리즘은 우리 삶의 질과 사람의 생각 및 문화에도 영향을 주기 때문에 필요한 것이다 (Kovach & Rosenstiel, 2014/2014: 2).

그러나 연구자들은 진실과 뉴스는 동일하지 않다는 것을 인식하기 시작했다. 현대 저널리즘의 아버지 리프먼은 1920년 자신의 저서 "자유와 뉴스(*Liberty and the News*)"에서는 진실과 뉴스라는 단어를 서로 교환해 혼용해서 사용했다. 그러나 1922년 "퍼블릭 오피니언(*Public Opinion*)"에서는 뉴스와 진실의 차이를 인식하고 다음과 같이 설명했다:

> 뉴스의 기능은 사건을 알리는 것, 즉 사람들로 하여금 그 사건에 대해 경각심을 갖도록 하는 것이다. 그러나 진실의 기능은 숨겨진 사실을 밝혀내고, 그것들을 서로 올바른 관계로 설정해 사람들이 행동할 수 있는 근거로 할 현실의 그림을 만드는 것이다.

리프먼에 따르면, 언론은 사건을 어둠으로부터 하나씩 꺼내 빛을 밝혀내고 지속적으로 움직이는 탐조등의 빛과 같은데 사람들은 이 빛만으론 세상사를 다 볼 수 없다고 했다. 따라서 언론은 어떤 사안에 대해 표면상으로 나타난 뉴스를 알리는 것뿐만 아니라 그 뒤에 숨겨진 진실까지 충분하게 밝혀서 전달해야 한다.

2. 언론의 선택기제: 뉴스가치와 게이트키핑

1) 뉴스가치와 게이트키핑

신문·방송과 같은 전통 언론들이 뉴스를 생산하는데 있어 기자와 언론의 가장 중요한 업무 중 하나는 무엇을 선택해 뉴스로 전달할 것인가이다. 여기에 기자와 언론의 선택권이 작용을 하는데 이때 이용할 수 있는 것이 바로 뉴스가치와 게이트키핑이라고 할 수 있다. 먼저, 뉴스가치는 기자와 언론사에서 통용되는 기본적 수단으로 기자들이 그들이 속한 언론사/뉴스회사에 맞게 적당한 주제를 선택하고 기사를 쓰고 하는 비공식적 기본 규칙이다 (Harcup & O'Neill, 2001:

261). 뉴스가치가 비공식적 규칙이다 보니 정보를 전달하는데 있어 언론사/뉴스회사마다 중점을 어디에 더 두느냐에 따라 어느 언론사에서는 톱뉴스(가장 중요한 뉴스)로 보도되는가 하면, 어떤 언론사에서는 중요하지 않게 다루거나 심지어 아예 전달을 하지 않는 경우가 발생하기도 한다. 이를 리스와 볼린저(Reese & Ballinger, 2001/김사승, 2019: 9 재인용)는 기자의 뉴스생산방법에서 가장 중요한 요소 중 하나인 뉴스가치에 따라 이루어지는 언론의 선택 기제라고 했다.

다음으로, 게이트키핑은 뉴스가치에 따라 뉴스(무엇)로 전달을 할지 어떻게(중요도, 크기 및 방법) 생산할지 취사선택하는 과정이다. 슈메이커(Shoemaker)는 "게이트키핑은 수많은 메시지들을 몇 개로 줄여주는 과정"이라고 정의했다. 여기에는 수많은 방법들이 동원되는데 선별, 추가, 보류, 배치, 거름, 형태수정, 조정, 반복, 시의성부여, 지역화, 통합, 무시, 삭제 등이 있다. 영향을 주는 주체 즉 개입하는 주체도 다양한데, 화이트(White)는 게이트키핑이 뉴스선택 단계에 개입하는 편집장의 개인적인 이유에 의해 이루어진다는 점을 분석했고, 맥넬리(McNelly)는 게이트키핑이 한 명의 간부가 아니라 다양한 생산 주체들에 의해 이루어진다는 것을 밝혔다 (김사승, 2019: 9).

이렇게 전통 언론들이 뉴스를 생산하기 위해 꼭 필요한 과정에서 기자와 언론은 무엇을 선택해서 어떻게 전달할지 하는 선택권이 있다. 이와 관련하여, 《《뉴욕 트리뷴(The New York Tribune)》》은 1922년 5월 23일에 발행된 광고를 통해 언론의 선택권과 의무를 다음과 같이 설명했다. "언제 무슨 뉴스가 생길지 모르지만, 그리고 신문은 좋은 소식이든 나쁜 소식이든 반드시 전해야 하지만" 그럼에도 불구하고 어떤 신문이든 선택이라는 행동을 할 수 있고, "스트레스로 가득하고 앞이 컴컴한 절망의 시기에 지역사회의 사기가 떨어지지 않게 신속하게 움직여야 하는 고된 의무가 있다"는 사실을 인식해야 한다고 했다 (Bernays, 1923/2022: 121-122).

그러나 뉴스가치와 게이트키핑에 의한 언론의 선택권이 정보의 왜곡으로 이어질 수 있다. 뉴스선택과 게이트키핑에 동원되는 여러 가지 방법이나 개입하는 주체의 복잡성은 기자중심의 뉴스 생산방법이 분화적 속성을 지니고 있다. 더불어 기자의 창의성이 합해지며 아주 복잡해진다. 린덴(Lindén)은 연구자들이 생각하는 것 이상으로 기자는 훨씬 더 창의적이고 즉흥적이라고 주장했다. 스페로우(Sparrow)와 턴스탈(Tunstall)은 뉴스생산 과정의 복잡성 때문에 그동안 기자의 창의성과 같은 요소는 제도주의의 프로페셔널리즘/전문가주의/전문직업의식 논의의 대상에서 제외돼 왔다고 지적했다. 관행화나 제도화 등으로 표준화할 수 없다는 것이다 (김사승, 2019: 9-10).

이런 복잡한 선택 기재가 작동하며 생산한 뉴스에 의해 대중은 영향을 받는다. 일반적으로 대중은 언론에서 중요하게 자주 다루면 그 사안을 중요하게 인식하고, 언론에서 작게 보도하거나 다루지 않으면 중요하지 않게 인식하거나 아무것도 아니라고 생각하는 경향이 있기 때문이다. 즉, 보통 사람들은 보이거나 들리는 것으로 판단하지, 그 너머에 숨겨진 진실까지 꿰뚫기는 어렵다는 것이다. 이에 대해 일부 분석가들은 대중에게는 의견이 없으며, 여러 기관에서 대중을 위해 만들어 준 의견이 전부라고까지 했다. 반면, 다른 관점의 연구자들은 신문이나 다른 미디어는 대중이 제공하는 것 이상의 기준이 없기 때문에 대중의 의식에 실질적으로 영향을 미치지 않는 것처럼 보인다. 진실은 이 두 극단적 입장 사이 어딘가에 있다고 했다 (Bernays, 1923/2022: 115-116).

2) 전통 언론의 뉴스가치 속성

일반적으로 신문·방송과 같은 전통 언론들은 뉴스가치를 기준으로 기사를 취사선택해 뉴스로 전달한다. 뉴스가치는 어떤 사안이 뉴스로서 지니는 여러 가지 속성이라고 할 수 있다. 신문, 방송과 같은 전통 미디어 환경에서는 직업 언론인의 전문적 지식과 자율적 판단에 따라 뉴스가치가 높은 주제를 골라 언론뉴스로 전달해 주는 게이트키핑 역할을 한다. 뉴스가치는 언론사나 언론학자마다 무엇에 중점을 두느냐에 따라 약간씩 차이를 보인다. 갈퉁과 루즈 (Galtung & Ruge, 1965/김사승, 2019: 9 재인용)는 빈도, 크기, 애매성, 의미, 예측성, 기이성, 계속성, 종합성 등의 복잡한 기준들을 뉴스가치로 제시했다. 일반적으로 전통 언론들이 뉴스가치를 높여주는 속성으로 정보의 시의성, 근접성, 저명성을 (임영호, 2010: 29-32; 박래부, 2015: 39), 그 외에 영향성이나 인간적 흥미 (임영호, 2010: 32-33), 충격성, 기이성, 문제성, 변화성, 상충성 (박래부, 2015: 39) 등을 꼽기도 한다. 이러한 뉴스가치의 속성을 기반으로 시대적·이념적 변화에 맞게 정보의 중요도가 구분된다.

3. 전통 언론의 뉴스 생산 과정 연구 및 실제

1) 전통 언론의 뉴스 생산 과정 연구

신문이나 방송과 같은 전통 언론의 뉴스생산은 기자의 취재보도에 대한 개인 기술에서부터 뉴스 조직과 저널리즘 공동체가 공유하는 관행에 이르기까지 여러 가지 복잡한 과정을 통한 협동의 결과다. 기자 수준의 생산방법은 불확정적이지만 조직, 공동체로 확장되면 관행화되고 제도화된다. 먼저, 기자중심 생산방법과 관련하여, 초기 저널리즘 사회학 연구는 주로 기자만이 뉴스의 생산주체가 됐다. '뉴스는 기자가 만드는 것'(Gieber), '뉴스는 기자가 채용한 방법의 결과'(Fishman), '뉴스는 기자에 의해 만들어지는 것'(Cohn & Young)이라고 인식하고 있다. 이와 같은 인식은 궁극적으로 기자는 '이야기'로서 뉴스를 만든다로 귀결된다(Tuchman). 기자는 주관성을 기반으로 뉴스라는 이야기를 구성하는 저자라고 보는 것이다 (김사승, 2019: 8-9).

이런 논의는 기자의 생산방법이 암묵지에 근거한다는 생각이 기반하고 있다. 폴라나이(Polanyi)는 기자의 암묵지는 개인의 주관성, 경험, 창의성 등에 의해 형성되는 것으로, 학습과 경험을 통해 기자 개인에게 체화(體化)되어 있지만 외부로 나타나지 않는 지식이라고 했다. 숀(Schön)은 편집국의 선배가 후배에게 자기 경험을 말로 다 설명하지 못하는 것과 같이, 기자 같은 전문가는 자신의 지식이 암묵지이기 때문에 자기 일에 대해 겉으로 체계 있게 설명하기 어려워한다고 했다. 암묵지 특성은 기자 지식의 주관적 접근이 분화적 생산방법의 주된 요인임을 보여준다 (10).

뉴스 생산방법의 분화적 속성은 기자의 자율성과 연결된다. 번스(Burns)에 따르면, 뉴스생산과정은 아주 복잡하고 여러 가지 선택과 결정의 조합인데 이를 처리하는 기자의 분화적 태도를 억압할 경우 뉴스 생산은 어려워진다는 것이다. 이런 이유로 기자의 요구는 조직통제의 단순화이다 (Tierney & Farmer). 단순화함으로써 전문가로서 자율성과 권력감을 더욱 더 만끽하며 보다 적극적으로 뉴스 생산활동을 할 수 있다고 생각한다 (Thomas & Velthouse). 슈드슨(Schudson)의 저널리즘 사회학 논의를 비롯해 많은 연구들은 이런 관점에서 조직, 조직을 대신하는 간부 등 생산과정을 지배하는 요소들이 뉴스생산을 통제하는 현상에 주목했다 (10).

1980년대 이후 연구의 중심은 개인에서 개인의 통제기제로 이해됐던 조직으로 이동하기 시작했다. 리스와 볼린저(Reese & Ballinger)는 '영향력의 위계'(hierarchy of influences)라는 개념을 제시하면서 뉴스생산에 대한 영향력이 기자에서 관행, 조직, 조직외부 압력세력, 사상 등으로 이동했다고 주장했다. 기틀린(Gitlin)이 주장했듯이 뉴스생산은 구조로서의 뉴스조직과 행위로서 기자의 상호작용을 통해 이루어지는데 그 상호작용의 무게중심이 이동한다는 것이다. 조직중심 연구는 구조적 속성이 뉴스생산에 미치는 영향에 주목한 것이라고 하겠다 (10-11).

뉴스생산의 중심이 조직으로 이동한다고 보는 근거는 뉴스가 '구성되는 것'(constructed)이라는 새로운 인식이다. 슈드슨(Schudson)은 많은 저널리즘 사회학 연구들이 포착한 두 가지 구성적 속성을 다음과 같이 설명했다. 하나는 뉴스스토리 차원에서 뉴스를 구성하거나(constructing news) 뉴스를 만드는 것이고(making news), 다른 하나는 뉴스의 의미차원에서 현실을 사회적으로 구성(social construction of reality)하는 것이다. 전자는 기자중심 구성으로 뉴스스토리는 기자에 의해 만들어지는 것이라고 보는 시각이다. 후자는 뉴스를 사회적 의미의 구성이라고 보는 사회구성주의 입장인데 이때 뉴스의 생산주체는 뉴스조직이다. 맥네어(McNair)가 뉴스는 조직적 생산의 결과라고 말한 것도 뉴스구성이 조직적 차원의 행위임을 강조한 것이다 (11).

조직중심 연구로의 변화를 가져온 보다 중요한 계기는 뉴스생산이 독특한 생산과정이라는 이해를 기반으로 하고 있다. 리스와 볼린저(Reese & Ballinger)는 뉴스는 '공장생산되는 상품'(Manufactured product)으로, 뉴스생산이 조직중심의 독특한 과정이라는 것이다. 주목할 것은 이 과정은 조직차원의 처리와 가공을 의미하는 것이다. 뉴스생산은 바스(Bass)의 구분처럼 크게 뉴스룸 외부에서 이루어지는 수집/취재(gathering)와 뉴스룸 내부의 처리(processing) 단계로 나눌 수 있는데 특히 뉴스룸 내부의 처리단계에서 이루어지는 생산메커니즘을 과정이라고 보는 것이다. 바스(Bass)의 지적처럼 뉴스조직의 통제가 집중되는 처리과정은 간부와 편집영역이 개입한다 (11-12).

뉴스조직은 단계별 과정을 통해 뉴스라는 상품을 생산하기 위해 시장제도로 작동하게 된다 (Habann). 이는 조직중심의 뉴스생산방법이 저널리즘의 상업성 강화와 함께 그 중요성이 커질 수밖에 없음을 뜻한다. 처리/과정은 고도로 복잡하게 작동하는 뉴스생산의 조직적 조화와 조정 체제인 것이다(Reca). 조직중심의 조정과 통제, 관리 등의 처리과정은 기자중심의 분화적 속성과 정반대되는 융합적 속성을 띠고 있음을 보여준다 (12).

편집 과정 역시 조직차원의 융합적 차원에서 일이 진행된다. 헤밍웨이(Hemmingway)는 취재영역과 편집영역의 경쟁을 분석하면서 편집행위를 취재영역이 구축한 주관적 이해를 무력화시키는 전복적 시도라고 지적했다. 취재영역이 구축한 시공성 재구성을 붕괴시키고 자신의 시공성을 만들고자 하기 때문이다. 편집의 이런 태도는 취재영역의 생산결과들을 종합해 상품을 시장에 내놓는 최종생산자라는 인식에서 비롯된 것이다. 취재영역의 개별 기자의 주관적 인식은 최종상품이라는 조직차원의 전략으로 통합되는 것이다. 이런 점에서 조직중심의 생산방법이 갖는 융합적 속성은 시장지향적이라고 할 수 있다 (12).

  기자중심의 분화적 생산과 조직중심의 융합적 생산은 서로 긴장관계를 형성한다. 쿤(Kuhn)은 분화적 사고와 융합적 사고를 다음과 같이 설명했다. 분화적 사고는 새로운 방향을 추구하는 태도를 지니고 있기 때문에 저항적 속성을 갖고 있다. 그러나 융합적 사고는 합의에 기반을 두고 안정적 체제를 유지하며 전체를 지배하려는 지배적 사고방식을 구축하려고 한다. 주목할 것은 쿤은 이 둘, 기자중심의 분화적 생산과 조직중심의 융합적 생산이 필수적 긴장을 통해 상호작용한다고 보았다는 점이다. 분화적 의지와 융합적 의지 사이에 경계지점에서 긴장이 일어나는데 여기서 변화가 일어나면서 양자의 균형이 역동적으로 이루어진다고 보았다. 정반대의 속성을 갖고 있지만 기자중심과 조직중심의 두 생산방법은 실제 생산과정에서 통합된다. 따라서 최종뉴스는 필수적 긴장의 통합에 의한 결과물이라고 할 수 있다 (13).

2) 전통 언론의 뉴스 생산 과정 실제

  뉴스는 모든 언론 활동이 자유로운 환경에서 제작되는 것이 이상적이다. 자유는 언론윤리와 사회적 책임에 기반한 언론활동을 전제로 한다. 그렇지 않으면 뉴스를 제작하는 과정에서 언론사 내부·외부 또는 그 외의 여러 가지 요인들이 영향을 미쳐 정보가 아주 쉽게 왜곡될 수 있기 때문이다. 영향을 주는 요인들은 아주 다양하고 많은데 그 중에서도 대표적인 것은 자본권력으로 대표되는 광고주, 정치권력, 언론사주, 또는 기자 자신의 자기검열 등이 있을 수 있다 (Sa, 2009a). 그래서 언론의 자유는 미디어가 진실을 전달할 수 있느냐 또는 왜곡된 정보를 만들어 보도하는가와 아주 깊은 관련이 있다. 언론의 자유는 언론 활동의 모든 과정에서의 자유라고 할 수 있다. 여기에는 언론사의 설립에서부터, 정보를 취재하고, 언론기사로 작성해, 뉴스의 편집/편성, 인쇄 등을 거쳐 독자 및 미디어 수용자에게 정보를 배포 및 보도하는 과정까지 이르는 모든 과정이 포함된다. 이런 일련의 여러 가지 제작과정을 거쳐 전통 언론들은 뉴스 및 정보를 생산해 뉴스 소비자에게 전달하게 되는 것이다 (사은숙, 2017: 118).

전통 언론의 뉴스 생산은 기자와 뉴스 조직의 여러 가지 복잡한 과정을 통한 협동의 결과물이다. 뉴스 조직은 제일 아래 평기자를 시작으로 차장, 부장, 국장에 이르고, 이 모두를 기자라고도 한다. 신문과 방송의 기사화 과정은 편집국장/보도국장이 주도하는 데스크 회의를 중심으로 진행된다. 현장 취재기자의 주관적 판단으로 이루어진 것에 대해 간부는 객관화 과정을 진행한다. '데스킹'이라고 불리는 과정은 간부의 개인적 또는 조직적 게이트키핑이 복잡하게 작동한다. 신문이나 방송과 같은 뉴스조직은 시간과 지면의 한계 내에서 정기적인 뉴스 생산을 하기 위해 자원을 효율적으로 분배하고 관리한다. 언론사 조직은 간부를 내세워 기자의 뉴스 생산행위를 통제하면서 뉴스품질과 생산과정을 관리한다.

신문이나 방송과 같은 전통 언론들이 뉴스를 제작하는 데 있어 기자들 업무와 관련된 일의 주요 세 가지 과정은 취재, 기사 작성, 편집/편성이라고 할 수 있다.

(1) 취재

취재는 뉴스거리가 될 것과 사람들의 관심이 있는 정보나 자료를 수집하는 기자의 모든 활동을 의미한다. 취재는 뉴스를 생산하기 위해 필요한 주요 과정 중 하나이며 기자의 일과 관련한 첫 번째 단계로, 이 과정은 편집국/보도국 간부의 취재지시 등을 기반으로 취재기자가 인터뷰를 하는 등 대부분 언론사 외부 요인들과의 관계에서 일이 진행된다 (사은숙, 2017: 131). 오늘날은 뉴스 통신사의 발달 등으로 인하여 개별 언론사들의 능동적이고 직접적인 현장 취재방법의 중요성이 점점 감소하고 있는 추세다 (Krause, 2011: 89).

우리나라는 출입처를 중심으로 취재가 시작된다. 취재기자는 출입처로 출근해 취재계획을 데스크에 보고하고, 취재계획에 기반한 편집국장 주관의 각 취재부장이 모여 데스크 회의를 한다. 모든 신문사가 같은 것은 아니지만 일간지의 경우 보통 데스크 회의는 오전 10시, 오후 2시, 4시-5시, 9시 정도에 실시하고, 보통 긴급 속보, 사건사고, 정책 발표 등을 제외한 대부분의 신문 지면이 오후 2시경 확정된다.

우리나라 출입처 중심의 취재·보도 관행에 대한 비판이 제기되는 것도 사실이다. 특히 법조 뉴스 생산 관행의 실태와 왜곡된 관행이 사회적 문제로 대두되며 이를 개선하기 위한 문제 해결 방안도 제기됐다. 이에 대한 법조 기자들의 방안은 "피의사실 보도 관행, 검찰 편향적 취재 관행, 부실한 사실 확인 관행과 관련"한 문제 해결책으로 "개인적 차원보다 조직과 제도의 차원이 법조 뉴스 생산 관행에 미치는 영향이 크다는 사실이 드러났다 (박영흠, 2020).

일반적으로 언론기자들은 사안에 대해 잠정적으로 결론을 내리고 정보원/취재원을 취사선택하거나, 취재에 들어가는 경향이 있다. 언론기사를 쓰려면 보통 정보원/취재원을 통해 정보를 얻는데 가장 대표적인 방법이 인터뷰라고 할 수 있다. 인터뷰는 누구를 대상으로 할 것인가에 따라 당사자, 관계자, 전문가, 시민 등으로 나누기도 한다. 정보원/취재원 인터뷰를 통해 원하는 정보를 얻으려면 주제 및 내용에 맞는 인터뷰 대상자를 잘 선정하고, 또 어떤 내용들을 질문할 것인지 사전에 충분히 준비해야 실속 있는 인터뷰를 할 수 있다. 정보원/취재원을 만나 중요한 정보를 얻기 위해서는 여러 가지 세밀한 신경을 많이 써야 하고 최대한 예의를 갖춰야 한다. 인물을 대상으로 인터뷰를 할 때는 여러 가지 현장 상황에 따라 예기치 않게 발생할 수도 있는 점을 고려해 각별히 주의를 해야 한다. 앞에서 언급한 것처럼 인터뷰는 많은 준비와 세심한 주의가 필요하고 그 방법 또한 정보원/취재원의 대응이나 분위기에 따라 달라질 수 있다. 가변적인 현장 상황에 따라 기자가 명석하고 현명한 대처로 원하는 답을 얻도록 최대한 유도해야 한다.

(2) 기사작성

뉴스를 생산하는 데 있어 기자들과 관련된 주요 업무 중 두 번째 단계는 취재한 정보를 언론기사로 작성하는 과정이다. 기사 작성은 정보를 사람들에게 쉽고 효과적으로 전달하기 위해 논리적인 언론기사 방식으로 글을 쓰는 것이라고 할 수 있다. 이 과정은 편집국/보도국 간부의 취재지시 등을 기반으로 취재기자가 언론사 외부에서 취재한 정보를 언론기사로 작성해 부장 및 국장의 데스킹을 거친다 (사은숙, 2017: 149).

좋은 글쓰기를 위한 조언 중 가장 널리 그리고 지금까지도 보편적으로 많은 사람들이 알고 있는 것이 중국 송나라 때 구양수의 조언, '많이 읽고 많이 쓰고 많이 생각하라'이다. 언론기사를 잘 쓰는 것도 위의 일반적인 좋은 글쓰기의 조언과 크게 차이는 없다. 다만 언론기사는 꼭 들어가야 될 기본적인 요소들이 있고, 또한 기사의 종류에 따라 세부적인 사항과 방법에서 조금 차이가 있을 수 있다 (150).

언론기사에는 여러 가지 종류의 글이 존재한다. 언론기사는 글을 쓰는 이(기자)의 의견이 반영되느냐 그렇지 않느냐에 따라 크게 보도기사/스트레이트기사(이후 보도기사라 함)와 의견기사/피처기사/박스기사(이후 의견기사라 함)로 나눌 수 있다. 보도기사는 육하원칙(누가, 언제, 어디서, 무엇을, 어떻게, 왜)에 따라 객관적으로 글을 쓰는 즉 기자의 주관적 입장이 개입되지 않는 글쓰기다. 보도기사는 현재 시점을 중심으로 시간에 많은 영향을 받는다. 반면, 사설, 칼럼, 기자수첩, 기획기사, 특집 등 여러 형태의 의견기사는 글을 쓰는 기자의 주관적 입장이 반영될 수 있고, 현재를 중심으로 시간에 크게 영향을 받지 않을 수도 있다 (150).

뉴스와 같은 객관적인 보도기사를 잘 쓰려면 정보를 선명하고 논리적으로 빠짐없이 전달하기 위해 먼저 취재한 자료들을 육하원칙에 따라 정리하는 것이 효과적이다. 주관적 입장이 담길 수 있는 의견기사를 잘 쓰려면 신문의 사설, 논설, 칼럼 등의 기사를 꾸준히 읽는 것이 많은 도움이 된다. 또 언론기사를 단순히 그냥 읽고 끝나는 것이 아니라 정형권(2014: 67)의 조언처럼 기사 문장의 구조를 익히고, 글의 소재를 생각하고, 개요를 계획하는 등 고민하며 정독을 하는 것이 많은 도움이 된다. 또한, 글쓰기가 잘 되지 않을 때는 기사를 베껴 쓰는 연습을 통해 기사 쓰기가 나아 질 수 있다. 책을 매일 베껴 쓰거나 신문의 사설 및 칼럼 등을 베껴 쓰는 것은 글을 쓰는 힘과 능력을 키우기 위한 여러 가지 방법 중 하나이다 (사은숙, 2017: 150-151).

(3) 편집/편성

기자의 업무와 관련한 마지막 단계는 언론기사를 편집 및 편성하는 과정이다. 편집/편성은 뉴스의 제목, 활자, 이미지, 사진, 영상과 같은 모든 정보 요소들을 미디어 수용자들이 쉽게 보고, 듣고, 읽고, 이해할 수 있도록 알맞게 잘 배치하는 과정이다. 즉 기사의 중요도(기사가치)에 따라 기사 크기나 위치 및 순서를 결정하고, 제목달기, 사진 및 도표와 같은 이미지 자료를 선택해 위치를 정하는 것과 관련된 작업 과정이다 (188-189).

오늘날 뉴스 편집은 사람들의 시선을 끌기 위해 점점 더 파격적으로 변화하고 있다. 뉴스 제목은 보다 자극적이고, 디자인은 더욱 더 원색적 칼라를 많이 이용하고, 사진, 그래픽, 도표 등 이미지 사용이 점점 늘어나는 등 날로 시각화가 심화 되고 있다. 예를 들어, 신문 편집 레이아웃에 있어, 독자들의 주목을 끌기 위해 자극적 감각적 제목을 뽑고, 강력한 색깔을 사용하는 등 시각적으로 디자인하고, 별로 중요하지도 않은 뉴스 기사가 사진과 함께 중요한 위치에 배치되기도 한다. 이렇게 뉴스 편집이 시각적, 감각적, 자극적으로 변화하는 현상은 미디어 수용자들이 인터넷, TV, 잡지와 같은 시각적 매스컴에 익숙해지다 보니 인쇄 매체인 신문 독자들의 기대 또한 변화했기 때문이다 (187-188).

기술이 날로 발전하면서 뉴스를 제작하는 방식에 엄청난 변화가 생겼다. 지금까지 살펴본 바와 같이 취재를 하는데 있어 인터넷을 이용한 이메일 인터뷰가 가능해 지고 이메일 대담과 더 나아가 화상 대담까지도 가능한 시대가 되었다. 기사 작성도 마감시간이 따로 없이 24시간 언제라도 뉴스를 제공할 수 있게 되었고, 또 올린 뉴스를 지속적으로 갱신 보완할 수 있다. 편집도 취재와 기사 작성 과정과 마찬가지로 거대한 변화가 찾아왔고, 그 단면은 과거 손으로 하던 일(수작업이라고도 함)과 부분적인 컴퓨터 이용에 그쳤던 작업 과정이 컴퓨터 편집 제작기를 활용해 모두 온라인상에서 완성이 된다는 것이다 (187).

제1부의 마지막인 이번 장에서는 뉴스가 무엇인지, 그리고 전통 언론들이 뉴스를 생산하는 과정에 선택권이 작동하는 뉴스가치와 게이트키핑에 대해서도 알아봤다. 또한, 전통 언론의 뉴스 생산 과정에 관한 연구와 실제는 어떠한지도 검토했다. 다음 제2부에서는 언론과 뉴스에 영향을 미치는 주요 요인은 무엇이고, 더 나아가 이 요인들이 어떻게 작동하는지 공부하기로 한다.

제2부. 미디어/뉴스에 영향을 미치는 요인

제6장　미디어/뉴스에 영향을 미치는 내적 요인

제7장　미디어/뉴스에 영향을 미치는 외적 요인

제8장　언론 관련 법·정책·윤리 등 제도적 요인

제9장　뉴스 여과장치로써 뉴스의 정보원

제10장　뉴스 여과장치로써 이념

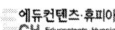

앞에 제1부에서 살펴본 것처럼, 언론은 여러 가지 측면에서 영향을 미친다. 여론 형성을 할 때는 주도적인 의제 설정자가 되기도 하지만, 권력이나 언론 환경 또는 다른 다양한 요인으로 인하여 영향을 받기도 한다. 권력의 핵심이 관료에 있는 나라는 언론을 통제할 때 독점적인 지배 수단뿐만 아니라 공식적인 검열도 한다. 그래서 언론은 지배층의 의도대로 역할을 할 수밖에 없다. 권위주의 정권에서 언론의 선전은 쉽게 드러난다. 그러나 언론이 민간 소유거나 공식적인 검열을 받지 않는 곳에서는 선전이 어떻게 작동하는지 알아내기 어렵다. 특히 언론이 표면상으로 활발하게 서로 경쟁하고 주기적으로 기업과 정부의 부정행위를 공격·폭로하며, 더 나아가 언론 스스로가 언론 자유와 공동체 전체의 이익을 대변한다고 겉으로 주장하는 곳에서는 더욱 그렇다. 확실하게 드러나지 않는 것(언론에서 다뤄지지 않는 것)은 자원 지배의 심각한 불평등뿐만 아니라 언론의 선택적 비판의 성격과 그것이 사적 언론조직에 대한 일반의 접근과 사적 언론 체계의 행동 및 성과에 미치는 영향이다 (Herman & Chomsky, 2002/2005: 75-76).

그래서 허먼과 촘스키(Herman & Chomsky, 2002/2005)는 뉴스조직에서 뉴스를 생산해 보도하기 위해 언론기사를 취사선택할 때 여과기능을 하는, 즉 걸러주는/영향을 주는 요인들을 큰 항목별로 다음과 같이 다섯 가지로 분류했다: (1) 규모, 집중된 소유권, 소유자의 부, 거대 언론기업의 수익 지향성; (2) 언론의 주요 수입원인 광고; (3) 정부, 기업, 그리고 이들 일차적인 정보원이자 권력의 대리인들로부터 자금과 인정을 받는 '전문가'가 제공하는 정보에 대한 언론의 의존; (4) 언론을 훈육하는 역할을 하는 '강력한 비난(flak)'; (5) 국가적인 종교이자 통제 메커니즘으로서 '반공주의'. 이 요소들은 상호작용을 하면서 서로를 보강한다. 이 여과장치들은 뉴스의 원료를 연속적으로 걸러내어 인쇄하기 좋게 세탁한다. 또한 담론과 해석의 전제를 규정하고, 뉴스 가치의 우선순위를 결정하며, 아울러 선전캠페인의 원칙과 역할도 설명한다. 이러한 영향 요인을 언론의 자유 측면에서 연구한 예도 있다. 사(Sa, 2009a: 7)는 언론의 자유에 영향을 주는 요인으로 언론사 내부적 요인, 언론사 외부적 요인, 그리고 언론 관련 법, 정책, 윤리 등 제도적 요인으로 분류해 이 요인들이 미치는 영향력을 알아봤다.

이 책 제2부 미디어/뉴스에 영향을 미치는 요인은 위의 두 연구를 중심으로 살펴보기로 한다.

제6장. 미디어/뉴스에 영향을 미치는 내적 요인

앞 장에서도 살펴본 바와 같이 전통 언론이 뉴스를 생산하는 것은 복잡한 과정을 거치며 이루어지는 협동의 결과물이다. 이런 과정을 거치며 다양한 요인들이 언론이나 뉴스와 같은 언론 상품에 영향을 미친다. 먼저, 언론사 내부로부터 영향을 미치는 내적 요인들은 무엇인지 살펴보고, 언론사주와 언론의 공공역할에 관해 알아보기로 한다.

1. 언론사 내적 영향요인 이해

1) 언론사 내적 영향요인

(1) 언론사 내적 영향요인이란?

언론사 내적 영향요인은 언론사 내부에 있는 모든 요인, 즉 언론사 내부로부터 언론의 자유에 영향을 미칠 수 있는 요인을 말한다. 이는 언론사가 뉴스 및 프로그램과 같은 언론 상품을 생산하는 과정에서 언론사 내적 요인이 정보나 언론 상품 내용에 영향을 미칠 수 있다는 것을 의미한다 (Sa, 2009a: 7).

언론사 내적 영향요인으로는 언론사주/언론사의 소유주, 경영자, 편집국장이나 편집국 간부, 노동조합, 일반 직원, 동료, 기자의 자기검열, 언론사 조직구조 체계, 언론사 규약 및 윤리강령, 사내 공정보도위원회나 심의부서 등을 들 수 있다 (Sa, 2009a: 7). 그러나 이 내적 요인들이 모두 같은 영향력을 미치는 것은 아니다. 이 내적 요인 중에는 영향력이 특히 강력한 것부터 미미한 것에 이르기까지 아주 다양하고 복잡하게 작동한다. 이 다양한 요인들이 어떻게 작동하는지 살펴보기로 한다.

언론사 내부로부터 뉴스나 프로그램 같은 언론 상품에 주요하게 영향을 미치는 요인은 언론사주, 경영자, 편집국장이나 편집국 간부라고 할 수 있다. 즉, 이 내적 주요 요인들이 언론 자유의 제한 등 크게 영향을 미친다는 것이다. 이 주요 요인들을 언론사주와 한 그룹으로 이해해도 무리는 없을 것이다. 왜냐하면, 사적 소유 즉 민간 언론사들은 대부분 언론사주가 경영자, 편집국장, 편집국 간부 등 언론사 주요 구성원들을 사주의 관점과 비슷한 사람으로 임명하기 때문이다 (Sa, 2009a: 7). 그래서 이 내적 주요 요인들은 자신의 철학을 기반으로 뉴스나 프로그램 등을 제작해도 언론사주의 철학을 반영한다는 결과에 이르게 된다. 언론사 내적 주요 요인들이 어떻게 영향을 미치는지 좀 더 쉽게 이해하기 위해서는 먼저 언론사의 조직 및 구성 체계를 알 필요가 있다.

2) 언론사의 조직 및 구성

(1) 인쇄언론의 조직 및 구성

언론사의 조직 및 구성은 인쇄언론과 방송 미디어가 비슷하면서도 조금 다르다고 할 수 있다. 일반적으로 사용하는 용어에서도 비슷한 업무를 하는데 편집국은 인쇄언론에서 보도국은 방송 미디어에서 사용하고 있다. 먼저, 인쇄언론의 조직은 편집국, 제작부, 영업부로 구성된다. 편집국의 업무는 취재, 기사작성 및 편집을 담당한다. 편집국은 일반회사의 조직과 다르게 기자 → 차장 → 부장 → 국장의 체계고, 인쇄언론의 대표 얼굴은 편집국장이라고 할 수 있다. 편집국장은 부국장과 각 부서장을 중심으로 한 편집회의/데스크회의를 총괄한다. 각 부서는 정치부, 국제부, 경제부, 산업부, 사회부, 체육부, 문화부, 사진부, 디지털부 등으로 구성된다. 기자는 출입처 기자와 일선 기자(leg man)가 있는데 출입처 기자는 소속된 언론사로부터 출입처를 배정받아 출입처를 중심으로 취재를 하지만, 일선 기자는 출입처 없이 뉴스를 취재한다. 소속 기자는 직접 취재를 하기도 하고, 국내외 통신사 기사를 기반으로 또는 정보원의 보도자료를 활용해 기사를 작성한다.

신문편집은 기사 제목을 뽑고, 글자급수를 정하고, 사진 등 이미지를 배치하는 등 레이아웃을 한다. 제작부의 업무는 CTS 도입 후 엄청난 변화를 가져왔다. 커다란 화상으로 신문편집을 하고, 편집된 신문 지면을 필름으로 출력해 인쇄용 원판을 만들어 윤전기에 건다. CTS 도입 후 제작부의 작업 효과는 엄청나게 커졌다. 기사작성, 송고, 데스킹, 편집, 교열, 조판, 등 전 과정이 컴퓨터에서 처리된다. 이런 이유로 기사 마감 시간은 늘어났다. 신문 제작 과정이 단순화되고 취재, 편집, 조판, 배송 시간이 줄면서 인쇄 직전까지 기사를 송고하고 마감할 수 있게 되었다. 영업부의 업무는 광고국과 판매발송팀으로 구성된다. 광고국은 인쇄 미디어의 광고 지면을 광고주에게 판매하고, 기업, 개인 광고 접수, 광고 수입 증가를 위한 전략 수립과 고객관리, 광고 요금 책정 등을 하게 된다. 판매발송팀은 신문의 판매와 배포를 담당한다 (이상훈·김요한, 2013: 185-187).

(2) 방송 미디어의 조직 및 구성

다음으로 방송 미디어의 조직은 제작 및 편성, 경영 및 관리, 기술 분야로 구성되어 있다. 제작 및 편성국은 보도본부와 편성제작팀이 있는데, 보도본부에서 뉴스, 스포츠와 시사를 담당하고, 편성제작팀에서는 그 외의 프로그램을 담당하고 있다. 보도본부의 보도국에서는 정치외교부, 경제부, 사회부, 문화과학부, 국제부 등을 중심으로 뉴스를 취재 및 제작해 보도한다. 아나운서국과 아나운서실이 속한 편성제작부서는 라디오와 TV 프로그램의 편성 기획 및 운영을 한다. 경영 및 관리부서는 기획, 재무, 홍보, 광고, 회계, 인사, 총무 업무를 총괄한다. 기술 분야는 스튜디오 장비를 비롯한 기기와 현장 중계, 송출 업무를 담당한다 (204). 이와 같이 인쇄 언론과 방송 미디어가 하는 일에 있어서 비슷하면서도 조금 다른 조직 체계를 이루고 있다.

3) 경영 편집의 무너진 경계와 언론의 상업화

중요한 것은 인쇄 언론이나 방송 미디어 모두 좋은 미디어 상품을 생산해 전달해야 하는 사회적 책무가 있다. 왜냐하면, 미디어는 공공 영역으로 진실 보도와 같은 사회적 공적 역할이 있기 때문이다. 그래서 대부분의 민주주의 국가에서 언론의 자유를 법으로 보장하는 것이다. 언론 상품은 신문이나 방송뉴스와 여러 가지 방송 프로그램 등이 될 수 있다. 좋은 언론 상품은 진실에 기반한 것으로 국민에게 신뢰를 받는 것이라고 할 수 있다.

과거 광고가 활성화되지 않고 인쇄 언론이 주축을 이뤘던 시기에는 언론사 내에서 편집국의 권위와 위세가 경영/광고국보다 높았다고 해도 과언은 아니라고 할 수 있었다. 또한, 편집과 경영/광고 업무의 경계도 어느 정도 지킬 수 있었다. 이런 두 부서 간의 경계는 언론사의 편집권 독립과 연결되기 때문에 중요하다. 편집권 독립은 언론이 공적 역할을 올바로 할 수 있느냐로 확장된다. 그러나 광고 산업이 발달하고 신자유시대를 거쳐 세계화가 오랫동안 전개되며 미디어 회사 내의 편집/편성/보도와 경영/광고 부서 간의 경계가 희미해졌다. 언론사들은 무한경쟁 속에서 더 큰 언론기업을 추구하며 경영/광고국의 중요성은 날로 커졌지만, 편집/편성/보도국의 권위나 위세는 상대적으로 약화 되고 말았다. 또한, 디지털 시대가 되면서 언론의 신뢰는 점점 하락하고 지금은 언론의 존폐를 위협할 정도로 심각해졌다. 이런 원인으로 인해 디지털 시대 저널리즘 현황은 더욱 위기를 맞고 있다고 할 수 있다. 언론의 상업화에 밀려 저널리즘 기능은 점점 약화하고 뉴스의 신뢰도는 끝없이 추락하는 지경에 이르렀다. 즉 언론사들이 경영과 편집의 경계가 없어지고 상업화에 빠져있는 사이 디지털 시대 뉴스의 신뢰도는 심각하게 추락한 것이다. 이런 추세가 계속된다면 언론사의 지속성은 누구도 보장할 수 없다. 왜냐하면, 신뢰 없는 언론은 더는 존재할 이유를 찾기 어렵기 때문이다. 그러나 우리나라에서 신뢰 없는 언론사가 문을 닫았다는 소리를 들어보지 못했을 것이다. 어떻게 이것이 가능한 것일까? 〈자세한 사항은 '제7장 미디어/뉴스에 영향을 미치는 외적 요인' 참조〉.

2. 언론사주와 언론의 공공역할

1) 가장 강력한 내적 영향요인으로서 언론사주

언론사주는 언론사 내에서 가장 강력하게 영향을 미치는 내적 요인이다. 언론사주가 가장 강력하게 영향을 미칠 수 있는 주요한 이유는 언론사를 운영하는 데 필요한 자본비용의 증가와 언론사 구성원들에 대한 인사권을 가지고 있기 때문이다. 그래서 허먼과 촘스키(Herman & Chomsky, 2002/2005: 77-89)는 언론이 보도할 뉴스를 취사선택할 때 주요하게 작동하는 다섯 가지 여과장치 중 첫 번째로 "언론의 규모, 집중된 소유권, 소유자의 부, 그리고 거대 언론기업의 수익 지향성"을 꼽았다. 왜냐하면, 기술발전 및 독자층 확보 등에 따른 언론사주의 자본비용이 증가하기 때문이다. 또 다른 이유는 언론사주가 언론사의 인사권을 가지고 있기 때문에 가장 강력한 영향을 미치는 내적 요인이 되는 것이다 (Sa, 2009a: 9-10).

첫째, 언론사주가 가장 강력한 내적 영향요인이 되는 이유는 자본비용의 증가 때문이다. 언론 소유주가 기술발전에 따른 개선과 독자층을 널리 확보하는 것에 집중한데서 오는 자본비용의 증가이다. 자유시장의 확대는 자연스럽게 '언론의 산업화'로 이어졌다. 거대 규모의 투자를 필요로 하며 소유권이 제한되면서 언론사업은 아무나 할 수 없는 거대기업이 되었다. 거대 언론사는 타 분야로 진출하고, 비언론기업은 언론에 자기 존재를 강하게 드러낸다. 거대 언론기업들은 매우 큰 사업체로, 소유주와 그 밖의 다른 시장 이익을 추구하는 세력과 긴밀하게 관련된 경영자 또는 일부 갑부들에 의해 운영된다. 이런 언론기업은 다른 대기업, 은행, 정부와 가깝게 얽혀있고 공통 관심사가 많다. 이것이 바로 뉴스를 선택하는 데 영향을 미치는 강력한 여과장치가 되는 것이다 (Herman & Chomsky, 2002/2005: 77-89). 이들은 의제를 설정할 수 있는 주요 뉴스 공급자이며 여론형성에 강력하게 영향을 미치고 있다. 세계 자본가의 목표 중 하나는 공공영역을 상업화, 민영화하는 것이라고 할 수 있다.

둘째, 언론사주의 인사권은 언론사주가 가장 강력한 내적 영향 요인이 되는 또 다른 이유가 된다. 앞에서도 언급했던 것처럼, 대부분의 민간 언론사는 언론사주가 경영자, 편집국장, 편집국 간부 등 언론사 주요 구성원들을 사주의 관점과 비슷한 사람으로 임명한다 (Sa, 2009a: 7). 또한, 간부나 경영진도 인사권으로 부하 직원들에게 영향을 미친다. 이런 인사권은 비단 민간 언론사에 국한하지 않고 공영언론도 마찬가지다. 문제는 이런 인사권이 남용되는 경우가 종종 발생한다. 예를 들어, 우리나라 대표 공영방송 중 하나인 MBC의 사례에서도 알 수 있듯이, 백종문 MBC 미래전략본부장이 특별한 증거 없이 전임 노조 위원장을 지낸 최승호 PD와 박성제 기자를 해고했다고 실토하기도 했다 (김상균, 2017: 190). 이렇게 인사권을 가지고 언론사주는 간부들을 자신의 관점과 같은 사람들을 임명하고, 또한 언론사 간부들도 얼마든지 영향력을 행사할 수 있다. 따라서 언론사의 주요 간부들은 자신의 소신대로 뉴스와 같은 언론 상품을 생산해도 이는 곧 언론사주의 철학을 반영하는 것이 된다. 이런 결과는 이미 언론인 설문 조사에서도 확인할 수 있었다. 우리나라 기자들은 언론사의 내적 영향 요인에서 벗어나 자유롭게 뉴스를 제작할 수 없다고 했다. 왜냐하면, 인사권을 가진 언론사주의 철학에 따라 기자의 역할을 할 수밖에 없기 때문이라고 했다 (Sa, 2009a: 8-9). 이런 까닭으로 언론사주는 언론사 내에서 가장 강력하게 영향을 미치는 요인이 되는 것이다. 따라서 언론사주가 어떤 철학을 가지고 있느냐는 아주 중요하다. 왜냐하면, 언론사주의 철학이 언론의 자유를 보장할 수도 또는 안할/못할 수도 있는 핵심 요인이 되기 때문이다 (9-10).

언론의 자유는 언론이 진실 전달 등 사회적 공적 책무를 할 수 있느냐 하는 문제와 연결된다. 그래서 대부분의 민주주의 국가/사회에서는 공영언론이나 민간언론 구분 없이 모든 언론에 언론의 자유를 법으로 보장하고 있다. 요약하면, 민주주의 국가에서 언론의 자유를 법으로 보장하는 것은 진실 전달뿐만 아니라 언론의 공적 역할을 위한 기반이 되는 것이다. 그래서 우리나라도 헌법 제21조에서 언론의 자유를 다음과 같이 보장하고 있다:

> 제21조 ① 모든 국민은 언론·출판의 자유와 집회·결사의 자유를 가진다. ② 언론·출판에 대한 허가나 검열과 집회·결사에 대한 허가는 인정되지 아니한다. ③ 통신·방송의 시설기준과 신문의 기능을 보장하기 위하여 필요한 사항은 법률로 정한다. ④ 언론·출판은 타인의 명예나 권리 또는 공중도덕이나 사회윤리를 침해하여서는 아니 된다. 언론·출판이 타인의 명예나 권리를 침해한 때에는 피해자는 이에 대한 피해의 배상을 청구할 수 있다.

이렇게 언론의 자유를 우리나라뿐만 아니라 대부분의 민주주의 국가/사회에서 법으로 보장하는 것은 언론의 공적 역할이 중요하기 때문이다. 왜냐하면, 앞에 '제2장 민주주의와 미디어'에서 살펴본 것처럼 언론이 어떻게 역할을 하느냐에 따라 민주주의가 발전할 수도 또는 후퇴할 수도 있기 때문이다. 그래서 리프먼은 저널리즘이 민주주의를 결정한다고까지 주장하는 것이다. 그러나 현실은 이렇게도 막중한 언론의 공적 역할을 뒤로하고 공공영역인 언론/미디어라는 영역을 광고 판매하는 장으로 여기는 경향이 크다는 데 문제가 있다.

2) 언론의 상업화와 공공역할

자유시장의 확대는 신자유주의를 거쳐 세계화로 이어지면서 대부분 분야에서 자본권력의 영향력을 더욱더 강력하게 만들었다. 오랜 세월 이어진 이러한 세계화 흐름은 미디어 산업에서도 자본권력을 강력하게 만드는 원동력이 되었다. 심각한 문제는 세계 자본가들의 목표 중의 하나인 공공영역의 상업화 현상이다. 이런 문제 제기는 이미 오래전부터 있었고 언론과 관련하여 하버마스(Habermas, 1989)는 유럽 국가들의 상업화에 기반한 언론 소유자들을 비판했다. 그는 공공영역이 기업 광고의 장이 되고, 민간소유자인 언론사주가 공공영역에서 시민들에게 직접적으로 영향을 끼친다고 지적했다. 이 과정에서 공공영역을 확실하게 광고매체로 바꾸는 것은 언론의 상업화와 중간점에서 만나게 된다는 것이다.

전 세계적으로 볼 때 민간소유의 언론이 공영언론보다 상업화에 더 집중하는 경향이 있다는 것은 부정할 수 없는 현실이다. 할린과 만시니(Hallin & Mancini, 2004)도 유럽에서 미디어 제도의 균질화(homogenization)에 가장 강력한 힘은 인쇄매체와 미디어 모두를 변화시킨 상업화라고 지적했다. 이런 현상은 호주에서도 이미 검증할 수 있었다. 오래전부터 신문의 사설과 상업적인 면들이 점점 더 증가되고 있다는 사실이다 (Grattan, 1998). 이런 상업주의는 언론이 민간 기업에 기반을 두고 상업적인 사업으로 압력을 받고 있기 때문에 언론의 공공서비스 역할이 위험에 처하게 된다. 언론의 상업화는 언론의 공공역할을 무력화시키는 것은 물론 언론의 자유를 제한하는 요인 중의 하나이다 (LaMay, 2007). 이런 사례는 우리나라 언론 현장에서도 쉽게 찾아볼 수 있다.

우리나라 언론들은 대부분 광고 수익에 의존해 언론사를 운영한다. 이런 국내 언론의 상업화 문제는 이미 오래전부터 세계 언론들을 분석하는 미국의 '프리덤 하우스(Freedom House)'도 2006년도부터 지적하고 있다. 더 나아가 국내 언론의 특징은 언론사주에게 집중된 권력이고, 언론사 규모에 따라 크게 영향을 받는다는 것이다. 특히 신문산업은 대부분이 사기업으로 수익성 지향에 초점을 두고 있다. 심각한 문제는 언론사주가 언론사 경영에 있어 힘을 남용하고 편집에 강력하게 간섭한다는 것이다 (Sa, 2009a: 9). 언론사주가 편집 및 편성에 간섭하는 방법은 언론기사를 삭제 및 축소 또는 확대하거나 강조하며 진실을 왜곡하는 것이다. 우리나라에서 집중된 소유권자의 권력이 편집권 침해 등 많은 문제를 양산하고 있는 것은 이미 오래전부터 지적돼 왔다 (우승용 · 주동황, 2002; 전국언론노동조합, 2004.09.21; Sa, 2009a: 9).

이제까지 살펴본 것처럼, 기자들은 언론사의 내적 영향요인으로부터 벗어나 자유롭게 뉴스를 제작할 수 없다. 특히 언론사주는 가장 강력한 영향을 미친다. 그래서 기자들은 언론사주의 철학에 따라 기자의 역할을 할 수밖에 없다는 것이다. 또한, 언론사주의 철학은 언론의 공공역할에도 중요하게 관련 있다는 것을 살펴봤다. 다음 장에서는 미디어와 뉴스에 영향을 미치는 언론사 외적 요인에 대해 검토한다.

제7장. 미디어/뉴스에 영향을 미치는 외적 요인

언론은 자본권력과 정치권력으로부터 벗어나 자유롭게 언론 상품을 생산할 수 없다. 이 요인들은 언론사 외부에 있지만 미디어와 뉴스에 강력하게 영향을 미치는 외적 요인이다. 먼저, 언론사 외적 요인과 영향을 미치는 작동 원리를 알아보고, 다음으로 자본권력의 대표라고 할 수 있는 광고주와 언론의 관계를 살펴보기로 한다.

1. 언론사 외적 영향요인 이해

1) 언론사 외적 영향요인

(1) 언론사 외적 영향요인이란?

언론사 외적 영향요인은 언론사 외부로부터 언론의 자유에 영향을 미치는 요인을 말한다 (Sa, 2009a: 3-4). 다시 말해, 언론사 외부에 있지만 언론은 물론 뉴스와 같은 언론 상품의 내용(콘텐츠)에까지 영향을 줄 수 있다는 것을 의미한다.

언론사 외부 영향요인으로는 국가·정부·정치인 등 정치권력, 광고주로 대표되는 자본권력, 미디어 관련협회 및 단체 등의 이익단체, 미디어운동단체 및 모니터그룹 등의 시민단체, 종교단체, 독자나 시청자, 일반시민 등이다. 앞에서 살펴본 언론사 내부 영향요인과 마찬가지로 이 외부 요인들도 모두 동일한 영향력을 발휘하는 것은 아니다. 그렇다면 언론사 외부 요인 중 주요하게 영향을 미치는 요인은 무엇일까? 언론사 외적 영향요인 중에서 언론의 자유에 주요하게 영향을 미치는 요인은 광고주, 정치권력, 이익단체, 독자·시청자·수용자 등이다. 이 중에서도 특히 주요하게 영향을 미치는 대표적인 외적 영향요인은 정치권력과 광고주로 대표될 수 있는 자본권력이라고 할 수 있다 (Sa, 2009a: 3-4).

이런 강력한 영향요인은 오래전부터 오늘날까지도 언론은 물론 뉴스와 같은 언론 상품의 내용에까지 통제함으로써 언론의 자유를 제한하고 있다. 2023년 발표된 우리나라 언론인들을 대상으로 실시한 '2023 한국의 언론인: 제16회 언론인 조사'에서도 언론의 자유를 직·간접적으로 제한하는 주요 요인으로 광고주(62.4%), 다음으로 정부나 정치권(50.0%), 사주/사장(41.5%), 편집·보도국 간부(41.0%)라고 답했다 (한국언론진흥재단, 2023). 강력한 외적 영향 요인으로부터 언론자유 가능성을 물었을 때 우리나라 기자들은 거의 불가능하다는 부정적인 응답을 했다 (Sa, 2009a: 4). 이런 영향 요인들로부터 언론 자유의 제한은 오늘까지도 이어지고 있다 (한국언론진흥재단, 2023). 광고주와 정치권력이 어떻게 강력한 영향요인이 되는 것일까? 지금부터 그 작동 원리를 알아보기로 한다.

(2) 외적 주요 영향요인의 작동 원리

언론사 외부에 있으면서도 언론의 자유에 주요하게 영향을 미치는 요인은 정치권력과 자본권력의 대표라고 할 수 있는 광고주이다. 먼저, 언론에 대한 정치권력의 영향력은 한 국가가 민주주의냐 권위주의 정권이냐에 따라, 또 국가지도자의 철학에 따라 국가별로 많은 차이를 나타낼 수 있다. 정치권력은 언론 관련법, 미디어 정책 등 제도를 통해 언론을 통제할 수 있다. 이뿐만 아니라 정부 광고를 통해서도 언론을 통제할 다양한 방법이 있다. 예를 들어, 윤석열 정부 들어 MBC에 대한 정부 광고를 큰 폭으로 축소하는 것과 같이 정치권력의 언론에 대한 통제 수단은 여러 가지를 동원하여 언론의 자유를 제한하며 언론을 길들인다 (정철운, 2023.10.31). 우리나라 언론상황은 권위주의 정권에서는 정치권력이 언론에 미치는 영향력이 강력하게 작동해 왔다. 지금까지도 보수와 진보라는 이분법적으로 구분된 우리나라 정치사회환경에서 이런 권위주의 정권에 뿌리를 두고 있는 보수정부가 들어서면 정치권력의 언론에 대한 영향력이 더욱 강력해진다.

다음으로, 언론사 외부 요인 중에 언론에 강력하게 영향을 미치는 것은 자본권력이다. 할린과 만치니(Hallin & Mancini, 2004)는 유럽 국가들의 사례에서 '하버마스와 부르디외(Habermas & Bourdieu)의 핵심 주장 중 하나는 언론이 시장과 경제 체제와 관련하여 자율성을 잃었다'고 비판했다. 이런 언론의 현실은 자본권력이 세계 자본주의 시대 언론의 자유를 제한하는 가장 강력한 요인이 될 수 있었다. 따라서 광고주로서 자본권력은 언론의 자유에 가장 강력한 영향력을 발휘하는 외적 요인이라고 할 수 있다 (Sa, 2009a: 5-7).

자본권력은 어떻게 언론은 물론 뉴스와 같은 언론 상품의 내용에까지 강력하게 영향을 미치는 것일까? 그 원인은 언론사의 운영/경영과 관련이 있다. 언론사의 경영은 뉴스나 프로그램 같은 언론 상품을 잘 만들어 판매한 수입을 기반으로 운영하는 것이 이상적이다. 그래야만 언론사도 광고주를 위한 상품보다 미디어 수용자의 선택을 받기 위해 더 신뢰받고 질 좋은 언론 상품을 만들기 위해 노력할 것이다. 그렇게 될 때 미디어 수용자들도 진실한 뉴스, 더욱 질 좋은 언론 상품을 만날 수 있다. 그러나 현실은 언론사가 이렇게 운영되지 않는다는 데 문제가 있다.

실제로 과거 광고가 호황을 누리기 전에는 신문사들이 신문을 판매한 수익으로 언론사 영업비용을 충당했다. 그러나 광고 산업이 발전하고 성장하면서 광고의 유혹에 넘어간 신문사들은 생산비용이 안 되는 낮은 가격으로 신문을 팔아도 이윤을 얻을 수 있게 되었다. 광고 기반의 언론과 광고를 기반으로 하지 않는 언론의 상황은 극과 극의 결말을 맞았다. 먼저, 광고에 기반한 언론사는 보조금을 받기 때문에 싼 가격으로도 다수의 독자들을 즐겁게 해주면서 이윤을 얻을 수 있었고, 저소득층의 독자들까지도 쉽게 유인해 경쟁사들을 소외시키고 심지어 사라지게 할 수 있었다 (Herman & Chomsky, 2002/2005: 89-90). 우리나라 언론현장에서도 이런 사례는 아주 쉽게 확인할 수 있다. 우리나라 주류 신문들이 구독을 결정함과 동시에 구독자에게 기본적으로 최소 몇 개월에서 심하면 1년까지도 신문을 무료로 볼 수 있게 하고, 각종 선물공세는 물론 현금까지 제공한다 (박경만, 2019.10.19; 조준혁, 2021.08.26). 그럼에도 우리나라 주류 신문사들이 경영이 어렵기는 커녕 외형적 성장을 지속할 수 있는 것은 광고수입에 기반한 경영을 하기 때문에 가능한 일이다. 우리나라의 저널리즘 발전은 앞에 제3장에서 알아본 것처럼, 광고수익 규모 등 미디어 산업 성장 측면에서 평가했을 때 선진국 수준이다. 그러나 이 언론들이 생산하는 뉴스의 질적인 측면에서 저널리즘 발전은 뉴스 내용 수준과 국민들의 언론에 대한 신뢰도가 심각한 지경으로 후진성을 벗어나지 못하고 있는 실정이다 (이재경, 2007: 185-191).

반면, 광고를 싣지 않는 신문사들은 심한 불이익을 받았다. 경영에 아주 심각한 타격을 받아 주류에서 자연스럽게 제외됐으며 더 나아가 신문사가 문을 닫는 지경에 이르렀다. 왜냐하면, 판매부진으로 신문가격을 올려야 했으며, 신문의 판매 가능성을 높이기 위한 투자자금을 확보하기 어려웠기 때문이다 (Herman & Chomsky, 2002/2005: 89-90).

광고 산업의 발달로 광고 수익에 기반해 언론사를 운영하는 상업화된 언론사만이 세계 자본주의 시대 미디어 산업에서 살아남을 수 있게 되었고, 경제적으로 자율성이 없는 언론들은 광고의 영향력에서 벗어날 수 없게 되었다.

(3) 강력한 영향요인으로서 광고주

세계 자본주의 시대 광고주의 언론에 대한 영향력은 더욱더 강화됐다. 광고 산업의 발달과 자율성이 없고 상업화된 언론사들이 광고 수입으로 경영을 하기 때문이다. 그래서 커란과 시턴(Curran & Seaton: 31/ Herman & Chomsky, 2002/2005: 89 재인용)도 언론이 뉴스를 선택할 때 주요하게 작동하는 여과장치 중 하나로 '사업 허가서로서 광고'를 꼽았다. 언론사를 운영하는데 광고수입이 주요 수입원으로 광고주들의 지원이 없으면 언론사가 경제적으로 살아남기 어렵기 때문에, 실질적으로 광고주들이 언론사 사업 허가권을 가지고 있는 것이라고 했다. 즉 광고 수입이 없으면 언론사들은 운영하기 어렵다는 것이다. 이런 언론의 현실 때문에 광고가 언론을 통제하는 것은 어제오늘의 일이 아니다. 실제로 광고는 19세기 중반 영국에서 노동계급의 신문을 위축시키는 메커니즘(작동원리)으로 강력하게 작동하기도 했다 (Herman & Chomsky, 2002/2005: 89). 광고의 언론에 대한 영향력은 지금의 세계 자본주의 시대에 더욱 강화되면 되었지 덜 하지는 않다는 것은 자연스러운 이치다.

세계 자본주의 시대에 자본권력의 영향력은 비단 어느 한 분야에 국한되지 않는다. 이미 오래전부터 '미국에서 자본주의는 거의 항상 승리했다'(Fiss, 1986)는 표현으로도 자본권력의 힘은 이미 입증되었다고 할 수 있다. 세계화를 거치며 자본권력의 영향력은 더욱더 강력해져 왔고 미디어 산업도 예외는 될 수 없었다.

세계적으로 많은 학자는 오래전부터 민주화가 자유시장과 경제적 번영에 지나치게 초점을 맞추고 있다고 지적했다. 민주주의 사회에서 광고주와 같은 거대 자본권력은 상업화된 언론을 통제하고 미디어 콘텐츠까지 강력하게 영향을 줌으로써 언론의 자유를 위협한다. 라매이(LaMay, 2007)는 대부분 개발도상국의 '민주화 원조가 전통적으로 자유시장과 경제 발전에 대해 강조한 것은 분명 많은 나라에서 언론시장이 상업화되었지만, 정부로부터의 자율권은 거의 얻지 못한 언론인들을 남겨놓았다'고 지적했다. 또한, 지지되지 않는 시장이나 시장 분열은 언론 자유를 제한하는 요소 중 하나라고도 했다. 이런 상황은 이미 한국 언론 현장에서도 쉽게 증명돼 오고 있다 (한국언론진흥재단, 2023; Sa, 2009b). 문제는 여기에 그치지 않는다는 데 있다. 자본권력의 영향력은 언론 감시자에까지도 미치고 있다는 것이다. 이런 문제는 이미 커란(Curran, 2002)이 지적한 바와 같이, 우파 군사쿠데타가 있었던 라틴 아메리카 국가들처럼 '시장이 언론 감시자들을 완전히 침묵시킬 수 있다'는 것이다. 따라서 시장으로부터 언론의 자유를 보호하기 위해 진정한 민주주의 국가는 언론이 시장에 의해서만 통제되는 것을 허용하지 않는다는 것이다 (장호순, 2004).

2. 광고와 언론의 관계

1) 광고주의 특징

광고주와 언론의 관계를 살펴보면, 광고주는 언론의 후원자가 되고, 미디어 회사들은 후원자인 광고주들로부터 선택을 받기 위해 또 더 많은 광고를 유치하기 위해 서로가 경쟁을 한다. 텔레비전 프로그램을 좌우할 수 있는 영향력은 광고주가 그것을 구매하고 돈을 지불하는 것에서 나오는 힘이다. 이렇게 광고주들은 언론의 후원자가 되고, 이 후원자를 잡기 위해 언론들은 서로 경쟁을 하며 광고주를 설득할 전문 인력을 고용하고, 프로그램을 통해 광고주의 요구를 어떻게 충족시킬 수 있는지 개발하고 설명해야만 한다 (Herman & Chomsky, 2002/2005: 92).

광고주가 될 수 있는 대상은 대부분이 기업들이다. 물론 앞에서 언급했던 것처럼 정치권력도 정부 광고를 통해서 언론을 통제할 다양한 방법이 있다. 그러나 대부분의 광고는 기업으로부터 나온다. 그런데 모든 기업의 속성은 자신의 이익을 해친다거나 이념적으로 적이라고 생각하는 언론은 후원하지 않는다. 광고주들은 비우호적인 언론기관을 단순히 차별하는 데 머물지 않고 자신들의 원칙에 맞는 프로그램을 선별하기도 한다. 그들은 예외 없이 문화적으로나 정치적으로 보수적이다. 더 나아가 대기업 광고주들은 언론이나 프로그램을 통해 환경파괴, 군수산업, 혹은 제3세계의 독재정권을 지원하고 이익을 얻는 기업 활동에 대한 심각한 비판을 용납하지 않고 그 언론들을 지원하는 일이 거의 없다 (Herman & Chomsky, 2002/2005: 93). 이런 상황은 우리나라에서도 아주 쉽게 접할 수 있다. 우리나라 대기업 광고주들이 요구하는 사항들을 보수 정치인들이 국회에서 목소리를 높이고 이런 것을 보수 주류 언론들이 반복해서 대중에게 전달한다. 대기업 자본가들의 의견/요구/주장을 문화생산자인 주류 보수언론들이 대중에게 무차별적으로 전파를 하다 보니, 기초연금으로 생활을 하는 사람들조차 대기업 회장의 걱정을 하는 경우를 종종 마주할 때가 있다. 반복된 선전여론의 영향이라고 할 수 있다.

광고를 기반으로 하는 언론은 광고가격 상승, 유실수입(forgone revenue)의 증가, 재무성과에 대한 시장 압력의 증가, 규제 완화로 광고 시간을 더욱 늘리고 중요한 공적 문제를 다루는 프로그램을 등한시하거나 폐지했다 (Herman & Chomsky, 2002/2005: 94). 또한, 늘어나는 광고시간은 프로그램 전후는 물론 중간에도 수시로 방영된다. 미디어 회사들은 공적인 언론이라는 공론의 장을 광고를 판매할 수 있는 이익추구의 도구로 이용하는 것이다. 이런 행위는 이미 오래전 호주의 사례에서도 확인됐다. 럼비(Lumby, 1999)는 호주의 사례를 통해 '모든 신문은 대중의 한 부분에 관심을 가지려는 이윤 추구적인 욕망에서 시작하며, 대중의 이익에 대한 정의는 그들이 시장을 어떻게 조각하느냐에 달려있다'고 주장했다.

광고주들은 기업의 판매의도를 전달하는 가벼운 오락물을 선호하고 구매하는 반면, '구매심리'를 저하시키거나 방해하는 심각한 문제나 불안한 논쟁을 하는 프로그램을 가급적 회피한다. 따라서 언론사들은 후원자를 만나려 심각한 문제보다 오락물을 선호하고 가벼운 주제의 이야기를 다룬다 (Herman & Chomsky, 2002/2005: 94). 이 또한 우리나라 언론에서 아주 쉽게 발견할 수 있다. 텔레비전 프로그램이 가벼운 오락이나, 여행, 요리 또는 스포츠로 넘쳐나는 것도 광고주의 선호 프로그램과 연결되어 있다. 방송사 구성원들이 광고주를 잡기 위해 서로 경쟁적으로 가벼운 연성 프로그램으로 편성을 하는 결과라고 할 수 있다.

그래서 리프먼은 텔레비전을 "물건을 팔아먹기 위한 매춘부"로 혹평하고 시청자의 인기가 아니라 무엇이 유익한 것인가 하는 기준으로 텔레비전 방송사들이 운영될 방법을 찾아야 한다고 강조했다. 리프먼은 방안의 하나로 상업 텔레비전 방송사들의 이익을 모아 비상업 텔레비전 방송사들을 새로 만드는 데에 사용해야 한다고 제안했다 (강준만, 2017: 44).

2) 광고주의 언론사 길들이기

오늘의 세계 자본주의 시대에 언론사 경영에서 광고는 분리해 생각할 수 없는 것이 현실이다. 공영언론이나 국가에서 운영하는 언론, 또는 독립 언론사는 상황이 조금 다를 수 있다. 그럼에도 불구하고, 정도의 차이는 있지만 세계 자본주의 시대에 대부분의 언론사는 광고를 판매해 얻은 이익으로 언론사를 운영한다. 그렇기 때문에 언론은 물론 뉴스와 같은 언론상품에 광고주의 영향력은 더욱 강해지는 것이다. 광고주가 언론을 길들이는 방법은 다양하다. 언론사가 비판적인 보도 등으로 광고주의 심기를 불편하게 했을 경우 나가고 있던 광고를 중단하거나, 크게/많이 나가고 있었거나 내보내려고 계획했던 광고를 축소하는 방식으로 언론을 통제한다. 반면, 광고주에 긍정적인 언론기사 등 정보를 그들에게 우호적으로 보도하는 언론사에게는 광고를 확대하는 방법으로 언론을 길들인다 (Sa, 2009a: 6-7).

자본권력인 기업들은 광고주로서 언론에 영향력을 행사한다. 광고주의 언론사 길들이기는 우리나라 언론현장에서도 아주 쉽게 확인할 수 있다. 우리나라에서 광고를 가지고 언론사를 길들이는 대표적인 경우는 세계적 기업 '삼성'을 들 수 있다. 삼성은 오래전부터 자사나 총수일가에 비판적 언론에는 광고를 취소하거나 축소함으로써 언론사들을 통제해 오고 있다. 반면, 조·중·동과 같은 주류 보수언론에는 광고를 확대하는 등 물량공세로 언론을 길들여오고 있다 (이승희, 2010.09.08; 민주언론시민연합, 2008.01.10; Sa, 2009a: 6-7).

대표적인 사례는 2007년 삼성그룹비자금 관련사항을 들 수 있다. 2007년 10월 삼성그룹의 전직 법무팀장 김용철은 천주교 정의구현사제단과 함께 삼성비자금을 자신이 관리해왔다고 폭로했다. 물론 이전에 김용철 변호사는 우리나라 주류 언론사들을 통해 이 사실을 국민에게 알리려고 노력했으나 언론사들이 외면했다. 결국 언론사가 아닌 천주교 정의구현사제단과 함께 이 삼성비자금 사실을 폭로하게 되는 상황에 이르렀다. 폭로 이후 우리나라 언론사들은 삼성비자금 사안을 더 이상 외면만 할 수는 없는 상황이 되었다. 그제야 한국 국민들은 국내 언론사를 통해 이 삼성비자금에 관한 정보를 접할 수 있었다. 그러나 언론기사의 보도량과 논조에 있어서는 언론사별로 아주 큰 차이를 보였다.

주류 신문사들의 삼성비자금 관련 언론보도와 관련하여, 특히 삼성의 신문광고에 있어 '물량공세 차별화의 확실한 선택과 집중/배제' 전략이 드러났다. 이런 삼성의 집중/배제 전략은 주류 신문사들의 삼성비자금 관련 언론보도 현황에 대한 민주언론시민연합(언론 모니터링 시민단체, 이후 민언련)의 모니터 결과와 경제개혁연구소가 발표한 4대 매체(TV, 라디오, 신문, 잡지)가 광고시장에서 4대 재벌(삼성, 현대차, SK, LG)이 차지하는 영향력을 실제 광고비와 분석한 '재벌의 언론지배에 관한 보고서'를 통해서도 확인됐다. 삼성비자금 관련 언론보도 이후 언론들의 삼성광고 현황은 큰 대조를 보였다. 한겨레와 경향신문에서의 삼성광고는 모두 사라졌다. 반면, 조선일보는 45개, 중앙일보는 29개, 동아일보는 15개를 차지하고 있었다. 2007년 삼성의 신문광고비 총액에서 5% 정도였던 경향과 한겨레가 2009년에는 각각 0.03%와 0.02%로 급락한 반면, 조·중·동이 차지하는 비중은 2007년 26.04%에서 2009년 33.85%로 증가했다. 이는 삼성의 신문광고에 있어 '선택과 집중/배제' 전략 즉 삼성의 비자금 관련 기사를 더 비판적으로 많이 보도한 한겨레와 경향신문에서는 광고를 중단한 것에 비해 이건희 회장의 행보와 관련한 특정 시기에 조·중·동 3사에 대해 물량공세를 집중한 것이다 (이승희, 2010.09.08; 민언련, 2008.01.10). 한겨레와 경향신문의 삼성광고 중단사태는 자본권력인 광고주가 언론보도에 있어 언론의 논조 즉 콘텐츠에까지 영향을 미치고 광고로 언론을 길들이는 언론탄압의 대표적인 사례라고 할 수 있다 (Sa, 2009a: 6-7). 삼성전자가 지난 2004년부터 2023년까지 20년 동안 국내 언론에 집행한 광고비가 4조 원이 넘는다. 슬로우뉴스가 닐슨코리아 월별 광고비 현황을 분석한 결과, 삼성은 민감한 이슈가 터질 때마다 광고를 줄이면서 언론을 압박하고 그 이슈가 정리되면 광고를 다시 늘리는 방식으로 언론을 길들여 왔다 (이정환, 2024.02.14.).

3) 언론의 광고 의존과 공적 역할

자본권력 및 정치권력과 언론의 관계에 있어 종속과 순응이 암묵적으로 이뤄지고 있다고 촘스키(Chomsky, 1996/2005: 41)는 이미 오래전부터 지적했다. 이는 중요한 것을 덮어버려야 하는 이유를 가진 부자들이 언론사를 운영하고 언론을 장악하면서 지배적인 통설에 이의를 제기하는 사람들의 입은 자연스럽게 닫혀버리게 되면서 발생한 것이다. 또한, 데니스 하트(2007.11.21)는 미국 언론들 대부분이 영리 추구 기관으로 기득권층의 이해에 충실한 여론을 형성하는 경향이 있다고 지적했다. 더 나아가 주류언론은 미국 국민에게 유익한 정보를 전달하기보다는 언론사의 수익과 언론인들의 개인적 출세를 중심으로 향하고 있다고 비판했다. 더 높은 구독률과 시청률을 목표로 달리다 보니 결국 미국의 주류 언론은 정보가 아닌 오락의 도구로 변질되었다고 했다. 이런 경우는 우리나라 언론 현장에서도 자주 접할 수 있다. 우리나라에는 몇 개의 뉴스통신사가 있다. 이런 통신사 방송을 통해서도 몇 십 분까지 이어지는 광고를 하염없이 지켜봐야 하는 경우도 자주 발생한다.

언론사 운영에 있어 지나친 광고수익에 대한 재정의존은 권력을 감시해야 할 언론의 공적 기능을 불가능하게 한다 (Sa, 2009a: 7). 우리나라 언론의 문제는 공영 방송이든 민간 언론이든 권력의 영향으로부터 벗어날 수 없다는 것이다. 공영언론은 정치권력의 영향을 더 많이 받고, 민간언론은 자본권력의 영향력이 더 강력하게 작동한다는 것이다.

다수의 우리나라 언론사는 진실된 정보와 좋은 언론 상품을 생산하려고 노력하기보다는 광고수입에 의지해 경영을 하는 것이 현실이다. 특히 우리나라 사기업 언론의 심각한 문제는 광고수익에 너무 많이 의존해 언론사를 운영하고, 언론사주가 독점된 권한을 행사한다는 것이다. 이런 이유로 우리나라 언론들에 대한 광고주의 영향력은 너무나 크고 엄청나다 (Sa, 2009a: 5-7).

우리나라 언론사의 지나친 광고수익에 대한 재정의존은 권력을 감시해야 할 언론의 공적 기능을 불가능하게 한다. 언론사 경영을 살펴보면, 우리나라 대부분의 사기업 언론사들은 광고비와 다른 자본수입에 너무 많이 의존해 언론사를 경영하고 있다. 이런 국내 언론의 현실은 이미 오래전부터 미국의 '프리덤 하우스'(2006)도 지적하고 있다. 프리덤 하우스는 다수의 한국 신문들은 재정적으로 그들의 광고수입을 위해 거대 재벌에 의존하고 있다고 지적했다. 이런 국내 언론의 현실은 상업화에 기반해 광고주의 맘에 드는 언론 상품을 생산하는데 중점을 두고 있다. 이런 실정이다 보니 텔레비전 프로그램이 광고주가 선호하는 가벼운 오락물로 넘쳐난다. 심지어 '한국에서 광고는 소비에 참여하지 않는 것이 사회적 실패라는 생각을 하게 한다'는 견해도 있다 (Hart, 2001). 이런 광고 천국 시대에 광고주들은 미디어 콘텐츠에 대해 강력한 영향을 미치는 요인이 되었다. 군사 정권에서, 정부와 정치인들은 언론의 자유에 영향을 미치는 핵심 행위자들이었다. 그러나 문민정부 이후, 한국에서 언론의 자유에 영향을 미치는 주요 요인들은 정치적인 민주화 때문에 꾸준히 자본과 시장으로 변화했다 (우승용·주동황, 2002). 1987년 6월, 한국에서는 가장 큰 민주화 운동이 있었다.

언론사들은 뉴스를 제작하는 데도 광고주의 눈치를 보고 그들의 의견을 반영한다. 광고주의 강력한 영향력이 언론사뿐만 아니라 뉴스 내용도 좌지우지한다. 남시욱(2001)도 이미 오래전부터 우리나라 주류 언론사에 대해 거대 기업으로서 상업화를 지적했다. 이런 원인 등으로 인해 많은 기자가 편집권에 회의감과 무력감을 느끼고 있다고 주장했다. 이런 현실은 이미 언론 현장에서도 쉽게 확인할 수 있었다. 우리나라 다수의 기자도 직접 또는 간접적으로 편집국에 영향을 미치는 자본권력의 힘 때문에 기자 직업에 대해 회의감을 느끼고 있다고 고백했다 (Sa, 2009a: 3-7).

우리나라 언론사들 대부분이 사기업으로 너무 높은 광고수익과 다른 자본수입에 의존해 언론사 경영을 하다 보니 기자들의 회의감은 물론 언론의 공공역할도 기대하기 어려운 실정이다. 그런 결과로 언론의 신뢰도는 심각하고 국민들로부터 외면과 조롱을 당하는 지경에 이르렀다. 진실 보도와 좋은 언론 상품을 만들어 판매한 수익을 기반으로 언론사를 경영할 때 언론도 신뢰 있는 좋은 정보를 생산하려고 노력할 것이고, 국민들도 진실을 접할 수 있게 된다. 언론이 진실을 보도하고 국민으로부터 신뢰를 얻을 때 공적 기능을 수행할 수 있다.

지금까지 언론사 외적 요인이 영향을 미치는 작동 원리를 알아봤다. 언론사 주요 외적 요인들 특히 정치권력과 자본권력의 영향력은 강력하다. 세계 자본주의 시대 광고주는 언론을 통제하는 가장 강력한 외적 요인이다. 다음 장에서는 언론 관련 법, 정책, 윤리 등 제도적 요인이 언론과 뉴스에 영향을 미치는 작동 원리를 살펴보기로 한다.

제8장. 언론 관련 법·정책·윤리 등 제도적 요인

 언론 활동을 하면서 지켜야 하는 언론 관련 법, 정책, 윤리가 있는데 이를 제도적 요인이라고도 할 수 있다. 이 장에서는 제도적 요인에 대한 이해를 넓히는 시간이다. 이 제도적 요인이 어떻게 작동을 하는지 또한 가장 강력한 영향요인으로서 법적 송사가 미치는 영향력을 중심으로 살펴보기로 한다.

1. 언론 관련 법·정책·윤리 등 제도적 영향요인 이해

1) 언론 관련 법·정책·윤리 등 제도적 영향요인

(1) 언론 관련 법·정책·윤리 등 제도적 영향요인이란?
 언론 관련 법·정책·윤리 등 제도적 요인이란? 언론 관련 법, 언론 관련 정책, 언론윤리 등 언론제도와 관련한 요인들이 언론의 자유에 영향을 미치는 것을 의미한다. 즉, 언론이 뉴스나 프로그램 등을 제작할 때 이 제도적 요인이 영향을 미칠 수 있다는 것이다. 언론 관련 제도적 요인은 언론이 뉴스나 프로그램 같은 언론 상품을 제작하는 과정이나 결과와 관련하여 법적, 정책적, 윤리적으로 지켜야 하는 의무를 포함하고 책임이 뒤따르기 때문이다. 따라서 이 제도적 요인도 뉴스나 프로그램 같은 언론 상품을 만드는데 영향을 미치는 요인이 되는 것이다. 제도적 요인에는 언론 관련 법, 언론 관련 정책, 법적 송사 및 항의, 국가보안법, 언론윤리강령, 언론자율규제기관 등이 포함된다 (Sa, 2009a: 10). 특히 우리나라에서는 국가보안법도 언론 관련한 제도적 요인 중 하나에 포함된다. 왜냐하면, 남북 분단이라는 특수한 상황에서 국가보안법을 이용한 반공주의 통치행위가 작동을 하고 언론에 영향을 주기 때문이다 〈자세한 사항은 '제10장 뉴스 여과장치로써 이념' 참조〉. 그러면 이 언론 관련 법·정책·윤리 등 제도적 요인 중에서 주요하게 영향을 미치는 것은 무엇인지 알아보기로 한다.

언론 관련 법·정책·윤리 등 제도적 요인 중 언론의 자유에 주요하게 영향을 미치는 요인은 언론 법, 언론 정책, 그리고 법적 송사 및 항의라고 할 수 있다 (Sa, 2009a: 10-11). 우리나라에서 언론 관련법과 정책은 군사정권 특히 제5공화국에서는 언론에 영향을 미치는 핵심 요인이었다 (우승용·주동황, 2002). 그러나 문민정부 이후에 가장 영향력이 크고 강력한 요인은 명예훼손 등의 법적 소송으로 나타났다 (Sa, 2009a: 12). 이렇게 제도적 요인도 앞에 언론사 내적·외적요인과 마찬가지로 영향을 미치는 정도가 다르다. 또한, 정부가 어떤 언론정책을 기반으로 통치를 하느냐에 따라 서로 다른 효과와 결과를 가져왔다.

(2) 제도적 주요 영향요인의 작동 원리

언론 관련 법·정책·윤리 등 제도적 요인 중 언론의 자유에 가장 강력하게 영향을 미치는 요인은 '명예훼손 등의 법적 소송'이다. 특히 정치권력 및 자본권력 등 권력층의 법적 소송은 언론의 권력 감시 기능을 약화시키는 주요 요인이 되고 있다. 더 나아가 권력층의 플랙과 외압은 언론의 감시, 비판 기능을 약화시키는 것은 물론 언론을 탄압하는데 남용되기도 한다 (Herman & Chomsky, 2002/2005: 104; Sa, 2009a: 12).

허먼과 촘스키(Herman & Chomsky, 2002/2005: 104-109)는 언론이 뉴스를 선택할 때 주요하게 작동하는 여과장치 중 하나로 "플랙과 외압"을 꼽았다. 플랙이란 무엇인가? "플랙(flak)은 언론의 표현이나 프로그램에 대한 부정적인 대응"으로 여러 가지 형태로 나타날 수 있다고 했다. 플랙은 메일이나 전화 및 편지 등 더 나아가 법적 소송, 탄원서, 의회 연설, 위협, 불평불만, 극렬한 행동으로 이어질 수도 있다는 것이다. 플랙은 개인적인 행동으로 발생하거나 또는 중앙이나 지역에서 조직될 수도 있다고 했다. 특히 플랙이 권력층이나 조직적인 단체에 의해 대규모로 발생한다면 언론은 불편하고 심지어 큰 희생을 치를 수도 있다. 권력층의 언론에 대한 공격은 직접적으로 또는 간접적으로 나타날 수 있다. 왜냐하면, 광고 상품에 대한 조직화된 불매운동이나 광고철회, 또는 기자들이 법적 소송에 휘말려 뉴스를 만드는 일보다 법원을 오가며 변호를 해야 하는 경우가 발생할 수 있기 때문이다.

권력층의 위협 유형으로 직접적인 비판은 전화나 편지로 하거나, 또는 텔레비전 프로그램 관련한 서류를 요청하거나, 광고사나 후원사들이 언론사의 답변을 요구하거나 보복을 하겠다고 협박을 할 수도 있다. 권력자들은 언론사 지지기반을 대상으로 해당 언론에 대해 불평불만을 나타내고, 같은 목적을 위해서 광고를 제작하기도 한다. 간접적으로는 언론 공격을 위한 감시활동을 지원하고 두뇌집단의 연구를 지원하기도 한다. 또 사적 권력의 이익에 더 직접적인 도움을 줄 수 있는 정치 캠페인을 지원하고 보수 정치인들로 하여 언론의 일탈을 방지하게 만들 수도 있다. 자본권력의 대표인 재계는 1970년대와 1980년대에 정치적인 지원은 물론 언론을 비평할 목적으로 조직된 기관들의 성장을 도왔다. 그 이전에 여러 가지 목표를 추구하며 플랙을 만들어내는 더 오래된 기관은 프리덤하우스(Freedom House)가 있다 (105-106).

플랙에 대한 언론의 대응을 살펴보면, 플랙이라는 장치가 끊임없이 언론을 공격하지만 언론은 비판을 존중하고, 그것의 선전적 역할과 보다 통합적인 관계 개선에 대한 계획을 거의 분석하거나 언급하지 않음으로써 플랙을 잘 다룬다.

플랙을 생산하는 사람들은 끊임없이 서로의 힘을 보강하면서 뉴스 활동의 정치적 통제력을 강화한다. 주요한 플랙 생산자인 정부는 언론을 공격하고 협박하고 '교정하면서' 정해진 선을 넘어가지 않도록 노력한다. 더 나아가 자체적으로 뉴스를 통제하는 등 플랙을 제조하기 위해 계획되기도 한다 (108-109). 실제로 과거 미국의 매카시즘 시대에 다수 방송국들과 광고주들이 공산주의 사냥꾼들로부터 위협을 받아 직원들을 블랙리스트에 올려야 했고 문을 닫기도 했다. 따라서 어떤 종류의 사실, 태도, 계획이 플랙을 일으킬 수 있다면 그 가능성조차 걸림돌이 되는 것이다 (105). 〈자세한 사항은 '제10장 뉴스 여과장치로써 이념' 참조〉.

따라서 권력층이 언론사나 기자를 대상으로 한 법적 소송은 뉴스내용 등 언론 상품을 생산하는 데 영향을 미친다. 왜냐하면 뉴스를 생산하는 언론사 기자들은 가능한 소송 등 플랙에 휘말리지 않기 위해 노력을 하고, 그러다보면 기자 자신들이 뉴스내용을 작성하는데 있어 자기검열을 통해 방어적이고 소극적인 자세로 임할 수 있기 때문이다. 따라서 권력층의 소송과 외압 등의 플랙은 언론사와 기자들에게 자기검열을 강화해 언론의 비판 기능과 언론의 자유에 제한을 가져오는 원인이 된다 (Sa, 2009a: 12-13).

2. 강력한 영향요인으로서 법적 송사

언론 관련 법·정책·윤리 등 제도적 요인 중 문민정부 시대에 언론과 기자들에게 가장 영향력이 크고 강력한 요인은 권력집단의 법적 소송이라고 할 수 있다. 권력층 특히 정치권력과 자본/경제권력의 언론과 언론인에 대한 법적 소송은 언론의 권력 감시기능을 위축시키고 언론의 자유를 제한하는 요인이 된다. 왜냐하면, 언론과 기자/언론인들이 명예훼손 등에 의한 법적 소송에 휘말리지 않기 위해 자기검열을 강화하기 때문이다. 이런 까닭으로 권력층의 법적 소송은 언론의 권력 감시기능을 약화시키는 것은 물론 언론이 제대로 기능을 하지 못하게 하는 원인이 된다. 이런 속성을 잘 아는 권력층은 법적 소송으로 언론을 탄압하는데 남용하기도 한다 (Herman & Chomsky, 2002/2005: 104; Sa, 2009a: 12). 올바른 언론의 역할을 위해서 권력층의 법적 소송은 자제되어야만 한다. 그러나 현실은 그렇지가 않기 때문에 문제가 발생한다. 지금부터 권력층의 법적 소송으로 언론의 자유를 제한하고 언론을 탄압함으로써 언론이 제 역할을 하지 못하게 하는 우리나라 사례를 중심으로 알아보기로 한다.

1) 언론의 문제 제기에 소송으로 맞선 정부

권력은 물론 사회 환경을 감시하는 것은 저널리즘의 중요한 역할 중 하나이다. 그럼에도 권력층은 언론이 제기하는 문제에 법적 소송 등 플랙으로 끊임없이 언론의 자유를 제한하거나 언론을 탄압해 오고 있다. 심지어 승소 가능성이 없는데도 법적 소송을 남용하는 것은 이기기 위해 한다기보다 상대방에게 고통을 주는, 즉 공공영역에 대한 비판의 목소리를 봉쇄하기 위한 '전략적 봉쇄소송(SLAPP, Strategic Lawsuit Against Public Participation)'의 목적이 크다 (김상균, 2017: 214). 우리나라도 권력층에 대한 언론의 문제 제기에 법적 소송으로 맞선 정부는 진보 보수 구분 없이 어느 한 진영에 국한되지 않는다. 권위주의/군사독재 정권 이후 문민정부 들어 가장 많은 언론인의 대량 징계 및 해고를 했던 이명박 정부부터, 박근혜 정부, 문재인 정부, 그리고 현 윤석열 정부에 이르기까지 어떤 일들이 있었는지 대표적인 사례를 중심으로 살펴보기로 한다.

(1) 이명박 정부의 언론 소송

첫째, 이명박 정부가 언론의 문제 제기에 소송으로 맞선 대표적 사례는 취임 직후의 2008년 '미국 소고기 광우병 위험 보도' 관련한 《MBC》의 'PD수첩' 팀을 들 수 있다 (Sa, 2009a: 12). PD수첩 제작진은 7개의 민·형사 소송을 당해 오랜 기간 지난한 법정 싸움을 이어가야만 했다. 최종적으로 4년 2개월 동안 법정을 오간 끝에 승리를 했지만, 그동안 직·간접적으로 위축된 언론의 기능은 심각하다고 할 수 있다 〈대한민국 언론자유순위 48쪽 도표참조〉.

보수성향이라고 할 수 있는 이명박 정부는 2008년 2월 취임했다. 취임 후 곧바로 국민의 반대가 높거나 찬반이 대립하는 한반도 대운하, 의료민영화, 경쟁과 서열화를 더욱 강화시키는 교육 정책 등을 밀어붙이기 시작했다. 2008년 4월 19일 한미정상회담을 앞두고, 중단됐던 미국산 소고기를 30개월 이상의 소고기까지 아무런 제한 없이 전면 수입하겠다는 협상을 타결했다. 그동안 광우병이 대부분 30개월 이상의 소에서 발생했기 때문에 많은 나라들이 30개월 미만의 소고기만 수입을 허용하고 있었고, 노무현 정부도 30개월 미만의 뼈 없는 소고기 수입만을 엄격하게 고수하고 있었다. 그런데 뼛조각이 발견되고 등뼈가 발견되자 수입을 중단했었다. 그러나 이명박 정부는 조건 없는 전면수입으로 한미정상회담을 앞두고 국민의 건강권마저 선물로 줬다는 비난여론이 높아졌다. 이와 관련하여 4월 29일 《MBC》가 시사프로 'PD수첩'을 통해 "[긴급취재] 미국산 쇠고기, 과연 광우병에서 안전한가?"를 방영했다. 보도 이후 5월 2일 안티이명박 카페에서 활동하는 네티즌과 중·고생을 중심으로 촛불집회가 시작됐다. 2008년 5월부터 시작된 한국 국민들의 소고기 재협상 요구 촛불시위가 8월까지 이어졌다. 그 사이 한국 정부는 6월에 미국과 추가 토의를 거쳐 부속으로 안전조건을 추가했다. 취임 6개월도 되기 전에 강력한 홍역을 치른 이명박 정부는 농림부를 통해 6월 20일 《MBC》 'PD수첩' 팀에 대한 수사를 요구, 검사들이 수사에 착수하게 됐다 (Sa, 2009a: 12-13).

한국 정부의 'PD수첩' 팀에 대한 수사와 관련한 국내·외 반응은 비판으로 넘쳐났다. 비판의 이유는 정부의 언론수사는 언론의 권력층 감시기능을 위축시키고 언론의 자유를 위협한다는 것이었다 (Sa, 2009a: 13). 국내 진보 학자는 물론 보수 학자들까지 한국 정부의 언론수사를 비판했다. 언론학자 김서중은 "정부는 PD수첩의 집중적 검찰수사를 통해 훗날 이와 같은 내용의 보도를 제한하고, 조·중·동 신문과 같은 길들여진 방송을 원한다"고 지적했다. 김영호도 "언론은 광우병과 관련해 안전에 위험이 있으면 진실을 보도해야만 한다. 따라서 PD수첩의 검찰수사는 부적당하다"고 비판했다. 김민환은 "PD수첩 보도의 정확성에 작은 문제가 있었다면 법이 아닌 언론윤리로 다뤄야 한다"고 주장했다.

'PD수첩' 팀에 대한 수사와 관련한 해외반응을 살펴보면, 첫째, 미국 학자 데니스 하트(Dennis Hart)는 긍정과 부정적인 면으로 나눠 소고기 협상에 대한 평가를 했다. 먼저, 한국 10대 학생들의 세계 자본권력에 대한 저항을 긍정적으로 평가했다. 하트는 세계자본가들의 탐욕과 남용에 저항한 10대 학생들이 시작한 촛불시위는 한국사회의 미래 희망이라고 했다. 실제로 미국 소고기 재협상 요구 시위는 10대 학생들이 처음 시작해 나중에 점점 국민들의 관심을 불러왔다. 그러나 하트는 한국 정부, 보수 신문들, 수구 보수세력들은 부정적으로 평가했다. 하트는 한국 정부와 보수신문들의 친미, 친자본주의는 미국에 기생하려고 한국 국민들의 요구를 폄하하고 있다고 비판했다. 또 언론을 포함한 수구 보수 세력들의 미국의 가치와 현상을 맹목적으로 수용하려는 행위는 미국인인 자신도 당황스럽다고 지적했다 (Sa, 2009a: 13). 둘째, 국제기자협회 사무총장 에이든 화이트(Aidan White, 2008 General Secretary of the International Federation of Journalists (IFJ))는 이명박 정부의 언론관과 'PD수첩' 팀 소송을 비판했다. 화이트는 'TV 프로그램의 법적 소송과 이명박 정부의 언론사 사장들을 체계적으로 교체하려는 것은 대한민국 언론의 자유에 재앙이 될 것'이라고 비판했다 (Sa, 2009a: 13). 불행하게도 화이트 사무총장의 '대한민국 언론의 자유'에 대한 예언은 적중하고 말았다. '국경없는 기자회'에 따르면, 이명박 정부시기 우리나라 언론의 자유도는 2009년 69위로 부분적 자유국가로 하락하는 지경에 이르렀다 (예: 뉴질랜드-15위, 호주-16위, 일본-17위, 홍콩-48위, 대만-59위, 한국-69위). 이 평가는 이전 노무현 정부의 2006년 31위로 아시아 대륙에서 최상위 국가 중 (예: 뉴질랜드-19위, 한국-31위, 호주-35위) 하나로 모범적인 언론의 자유국가라고 평가한 것에서 급격하게 추락한 결과다.

(2) 박근혜 정부의 언론 소송

둘째, 보수 성향이라고 할 수 있는 박근혜 정부의 언론에 대한 법적 소송은 많은 것을 시사한다. 언론의 초기 문제제기에 권력자들은 법적 소송이라는 강력한 대응으로 진실의 문을 닫아버렸다. 그들은 언론에 대한 강력한 법적 대응이 그들의 비리를 감추는데 성공했다고 생각했을 것이다. 그러나 몇 년이 지난 후 다시 이 사안으로 탄핵까지 당했다. 즉 진실은 잠시 숨길 수는 있어도 영원히 감출 수는 없는 것이다.

언론의 문제 제기에 박근혜 정부가 법적 소송으로 강력한 대응을 한 사안은 '박근혜·최순실 게이트'였다. 처음 이 사안이 언론에 보도된 것은 2014년 초 비선 실세 의혹으로 《시사저널》과 《일요신문》에 의해서다. 그러나 그때 당시 청와대는 이 의혹을 다룬 《시사저널》과 《일요신문》에 대해 수천만원대 손해배상 청구소송을 제기하며, 최순실씨의 딸 정유라씨의 아시안게임 대표 선발 특혜 의혹 등을 보도한 기자들을 명예훼손 혐으로 고소했다. 청와대를 정점으로 한 정치권력이 수족처럼 움직이는 수사기관과 국세청 등을 동원하게 되면 언론의 자유는 위축되기 마련이다 (김창룡, 2016.11.13). 2014년 처음 언론에 의해 문제 제기된 '박근혜·최순실 게이트'가 청와대의 법적 소송 등 강력한 언론통제로 진실의 문이 닫혀버린 것이다.

그러나 2년 후에 다시 끈질기게 진실을 추구하고 이념을 초월한 보수·진보 기자들의 협업이 박근혜 대통령 퇴진이라는 거대한 역사를 썼다. 2016년 7월 26일 보수언론 《TV조선》의 '미르재단 설립 두 달 만에 대기업으로부터 500억원 가까운 돈을 모았는데 이 과정에 대통령 수석이 개입됐다'는 보도였다. 이어진 뉴스는 진보언론 《한겨레》에 의해 이 사안이 지속적으로 다뤄졌다. 《한겨레》는 2016년 9월 20일 "박근혜 대통령의 비선 실세인 최순실씨가 K스포츠재단 설립과 운영에 깊숙이 개입한 정황이 드러났다"며 "K스포츠재단 이사장 자리에 자신이 단골로 드나들던 스포츠마사지센터 원장(정동춘)을 앉혔다"고 단독 보도했다. 최순실이 박근혜 정부 비선실세 의혹의 전면에 등장하게 된 것이다. 또한 2016년 10월 18일 진보언론 《경향신문》은 "K스포츠재단이 한 재벌기업에 80억원의 추가 지원을 요구하며 제시한 명목으로 프로젝트 주관사가 '비선 실세' 최순실씨와 그의 딸 정유라씨가 소유한 독일 회사 '비덱(WIDEC)'으로 드러났다"고 보도했다. 이어 《JTBC》는 25일 (2016년 10월) 밤 "최순실씨가 박근혜 대통령이 당선인 시절 이명박 당시 대통령과 독대하기에 앞서 만든 사전 시나리오도 받아봤다"고 보도했다. 이 같은 보수·진보 언론들의 보도가 연달아 등장하며 여론이 급격이 나빠진 25일 오후, 박근혜 대통령은 1차 대국민사과를 발표

했다. 이어 대통령 지지율은 5%를 찍었다 (정철운, 2016.11.10).

2014년 처음 언론에 의해 문제 제기된 '박근혜·최순실 게이트'가 청와대의 법적 소송으로 잠시 멈췄으나, 2년 후 다시 끈질기게 진실을 추구한 기자들에 의해 박근혜 대통령의 거대한 부패와 독직을 폭로한 후, 시민 시위는 그녀를 성공적으로 탄핵시켰다. 이것은 독재와 암살이라는 격동의 역사에도 불구하고 평화적으로 위기를 극복한 젊은 민주주의의 중요한 전환점이 되었다. 이것이 한국에서 의미하는 것은 아래 서(Seo, 2020: 13)의 연구를 통해서도 확인할 수 있다:

> 2017년 2월, 《한겨레》, 《JTBC》, 그리고 《TV조선》은 공동으로 한국의 퓰리처상으로 알려진 한국 언론상을 수상했다. 한겨레는 민주언론시민연합의 최고 언론상을 포함하여 20개의 다른 상을 수상했다. 성명서에서, NGO는 '이것은 이념과 권력에 대한 진실을 추구하는 저널리즘의 가장 근본적인 사명에 관한 것이었다'고 밝혔다. 성명서가 지적했듯이, 최씨 스캔들은 최고 권력층에서 불법을 드러내는 거대한 퍼즐을 좌우의 언론인들이 함께 맞추었기 때문에 가능했다. 언론 매체에 의해 발견된 증거는 2017년 1월 박 대통령의 탄핵이 합법이라고 선언한 헌법재판소의 획기적인 결정에 직접 인용되었다.'

이 사례는 이념을 초월한 기자들의 진실을 추구한 사명감의 결과였다. 또한 앞에서도 언급했던 것처럼 '진실은 잠시 숨길 수는 있어도 영원히 감출 수는 없다'는 진리를 다시 생각하게 한다. 더 나아가, 앞으로 저널리즘이 어떻게 살아남을 수 있는지도 함축하고 있다. 디지털 시대의 핵심적인 혁신은 시민이 잠재적 행위자이며 저널리즘의 중심에 있다는 것이다 (Hermans & Drok, 2018: 688-689).

(3) 문재인 정부의 언론 소송

앞의 두 보수정부와 달리 진보정부라고 할 수 있는 문재인 정부에서도 언론의 문제 제기에 부정적인 플랙으로 대응한 것은 마찬가지였다. 《중앙일보》는 2019년 6월 11일 '[남정호의 시시각각] 김정숙 여사의 버킷리스트?'라는 제목의 남정호 《중앙일보》 논설위원의 문재인 대통령 부부의 국외 순방을 비판하는 취지의 칼럼을 보도했다. 이 칼럼에는 "문 대통령은 취임 후 25개월간 19번 출국했다"며 "유독 관광지를 자주 찾는다는 느낌을 지울 수가 없다"고 적혀있다. 김정숙 여사는 19번 중 18번을 동행했는데 캄보디아의 앙코르와트, 인도의 타지마할 등과 같은 세계 관광 명소를 찾았다는 내용도 담겼다. 이에 대해 청와대는 대통령 순방 일정을 '해외유람'으로 묘사하고 있다면서 "상대국에 대한 심각한 외교적 결례이며, 국익에도 전혀 도움이 되지 않는다"며 정정보도를 요청하고 언론중재위원회(언중위)에 제소했다. 이후 언중위가 직권으로 반론보도를 결정했지만, 《중앙일보》가 이의를 신청해 법적 다툼으로 이어졌다. 2020년 7월 15일 서울중앙지법 민사14부(부장 김병철)는 대통령 비서실이 《중앙일보》를 상대로 낸 정정보도 청구소송에서 '의견 표명은 정정보도의 대상이 되지 않는다'며 원고 패소 판결을 내렸다.

이와 관련하여 영국 주간지 《이코노미스트》는 2020년 8월 22일 '한국 자유주의 정권 내면에 폭발하는 권위주의'라는 제목의 기사를 통해 '비판을 일축하는 데 익숙해진 그들은 자신들을 향한 남의 비판은 못 참는다'고 지적했다. 《이코노미스트》는 '인권변호사 출신 문재인 대통령과 민주당은 정권 출범 당시 정권을 탄생시킨 촛불시민의 정신을 기리고자 전보다 더 개방적이고 이견에 관대하며 소통하는 정부를 만들겠다고 약속했다'며 그러나 "그런 좋은 의도는 시들어버린 것 같다"고 평가했다. 《이코노미스트》는 이에 대한 근거로 청와대와 더불어민주당 등이 정권에 비판 의견을 낸 이들에 대해 이어가는 각종 법적 조치를 거론했다. 《이코노미스트》는 "공직자와 관련해 언론을 상대로 한 명예훼손 소송이 박근혜 정부 때보다 늘었다"며 특히 청와대가 '김정숙 여사의 버킷리스트?'라는 제목의 중앙일보 칼럼에 대해 정정보도를 요구하며 언론중재위원회에 제소했다가 패소한 사례를 들었다. 대통령 순방 일정을 해외 유람으로 묘사한 것이 외교적 결례라는 청와대 주장은 법원 소송전까지 갔지만 결국 청와대가 패소했다. 《이코노미스트》는 "청와대는 한 보수신문에 실린 칼럼이 문 대통령 부인인 김정숙 여사의 명예를 훼손했다며 법정 다툼에 나섰다"고 썼다. 이 매체는 또 "정부가 언론에 '가짜 뉴스'를 정정하도록 명령할 수 있는 권한을 주는 법안을 민주당이 발의했다"는 점도 지적했다. 대북전단 살포 문제 등으로 통일부가 탈북민 단체의 법인 설입 허가를 취소하고 수사기관에서 조사를 받은 점도 문제로 지목했다 (윤경환, 2020.08.24).

(4) 윤석열 정부의 언론 소송

보수적이라고 할 수 있는 윤석열 정부가 언론의 문제 제기에 강력한 법적 대응은 심각한 수준이다. 정권에 불편한 보도를 했다는 이유로 '배후세력을 밝혀내겠다'는 예단을 가지고 언론과 언론인을 상대로 사무실은 물론 집까지 강제수사를 펼치는 일이 빈번하게 일어나고 있다. 2023년 12월 5일 "윤석열 정부의 수사기관을 통한 언론탄압 대응 방안"이라는 주제로 열린 국회 공정사회 포럼 정책세미나에 따르면, 2023년 9월 14일 정보통신망법상 명예훼손 혐의로 《뉴스타파》와 《JTBC》 본사 사무실을 압수수색했으며, 또한 다음달 10월 11일에는 인터넷 매체 《리포액트》 허재현 기자와 사무실 및 주거지도 압수수색했다. 이어 같은 달 26일에는 《경향신문》과 《뉴스버스》 전현직 기자의 주거지를 압수수색했다. 이 정책세미나는 민형배 국회의원실이 주관해 국회 의원회관 제8간담회의실에서 개최됐다 (국회 공정사회 포럼, 2023.12.05). 이에 대해 전국언론노동조합(언론노조, 2023.10.26)은 말이 검찰의 압수수색이지 정보통신망법상 명예훼손 적용은 "윤석열 대통령이 처벌을 원해야 가능한 '반의사불벌죄'이므로 사실상 윤석열 대통령을 대신해 나선 압수수색"이며, "반복되고 있는 검찰의 언론인과 언론사에 대한 압수수색은 언론자유를 보장해 온 사법적 판단을 깡그리 무시한 채 윤석열 대통령 심기와 국민적 심판에 직면한 정권의 안위를 고려한 정치적 수사로 규정할 수밖에 없다"는 성명을 발표하기도 했다.

《뉴욕타임스》(Choe, Sang-Hun, 2023.11.09)도 "President's War Against 'Fake News' Raises Alarms in South Korea/대통령의 '가짜 뉴스'와의 전쟁, 한국에 경각심을 불러일으키다"라는 제목의 기사에서 '윤석열 대통령은

가짜뉴스를 민주주의를 위협하는 적이라고 말하지만, 윤석열 대통령을 비판하는 사람들은 그가 허위 정보와 싸운다는 명목으로 언론인들을 침묵시키고 있다'고 말한다고 보도했다. 이 신문은 실제로 윤 정부에서 언론사와 언론인들의 주거지에 대한 압수수색 등을 거론하며 한국의 언론자유 위축 상황을 우려했다. 또한, <<미국의소리(VOA, Voice of America)>>(William Gallo & Lee Juhyun, 2023.12.07)도 윤석열 정부 들어 언론에 대한 명예훼손 등 법적 대응이 급증한 사실을 보도했다. <<미국의소리(VOA)>>는 지난 2023년 12월 7일자로 '한국, 윤석열 정부 들어 언론에 대한 명예훼손 법적 대응 증가' 기사를 "Under Yoon, South Korea Defamation Cases Against Media Rise"라는 제목으로 보도했다. <<미국의소리(VOA)>>는 '검찰총장 출신인 윤석열 정부는 비판적인 언론과 언론인을 대상으로 기록적인 속도로 형사 고발을 하고 있다'고 전했다. <<미국의소리(VOA)>>는 윤 대통령 취임 이후 18개월 동안 언론사나 언론인을 상대로 적어도 11건의 명예훼손 관련 법적 대응을 했다고 했다. 이는 지난 한국 역대 문재인 정부 5년간 4건, 박근혜 정부 4년 동안 8건, 이명박 정부 5년 동안 7건에 비해 기록적으로 증가한 수치라고 보도했다. 이런 윤 정부의 강압적 법적 대응은 지금도 계속 진행되고 있다. 더 나아가 방송통신위원회와 방송통신심의위원회 등 언론 관련 기관들의 비정상적인 행태도 계속 진행되고 있다.

지금까지 알아본 바와 같이, 언론 관련 법·정책·윤리 등 제도적 요인 중에서 가장 강력하게 영향을 미치는 것은 명예훼손 등의 법적 소송이다. 특히 정치권력 및 자본권력에 의한 법적 소송은 언론과 기자들의 언론활동을 위축시키는 결과를 초래한다. 다음 장에서는 뉴스의 정보원이 무엇인지 또 언론과 뉴스 정보원의 관계를 알아본다.

제9장. 뉴스 여과장치로써 뉴스의 정보원

언론은 매일 새로운 뉴스를 전달해야만 한다. 그렇기 때문에 언론사 입장에서는 믿을만한 뉴스자료를 지속적으로 제공해 주는 정보원/취재원이 아주 중요하다. 이 장에서는 뉴스 여과장치로써 뉴스의 정보원이 어떻게 작동하는지 공부한다. 먼저, 뉴스 정보원이 무엇인지 알아보고, 언론과 뉴스 정보원의 관계는 어떻게 유지되는지 살펴보기로 한다.

1. 뉴스 정보원/취재원 이해

1) 뉴스 정보원/취재원

(1) 뉴스 정보원/취재원이란?

뉴스의 정보원/취재원은 언론사가 뉴스를 만들 자료를 주거나 얻을 수 있는 사람이나 사물을 의미한다. 언론사는 중요하고 믿을 만한 뉴스자료가 지속적으로 필요하고, 이를 꾸준하게 제공해주는 뉴스 정보원/취재원이 아주 중요하다. 왜냐하면, 언론사는 매일매일 새로운 뉴스를 생산해 대중에게 전달해야 하기 때문이다. 그래서 언론사는 경제적인 필요와 서로의 이익을 위해 강력한 정보제공자와 협력 관계를 유지한다. 언론사로서 중요한 사건이 발생하는 곳마다 기자와 카메라를 배치할 수 없으므로 중요한 뉴스가 자주 발생하고 공식적인 기자회견이 열리는 곳에 자원을 집중할 수밖에 없는 경제적인 이유도 있다 (Herman & Chomsky, 2002/2005: 95).

언론보도에서 정보원은 아주 중요하다. 정보원은 정보제공뿐만 아니라 언론 기사의 프레임, 보도 여부에도 직·간접적으로 영향을 미치고 같은 사건도 언론이 선택한 정보원에 따라 아주 다르게 보도될 수 있기 때문이다 (양민제·김민하, 2009: 472; 이동근, 2004; 최윤규, 2020; Massey, 1998/최영, 2002: 40 재인용). 특히 민감한 사안이나 논쟁적인 내용을 다루며 이해관계자의 서로 다른 의견을 균형 있게 다루지 않고 어느 한쪽의 일방적인 입장만을 정보원으로 이용해 반영한다면 정보가 아주 쉽게 왜곡될 수 있기 때문이다. 그런데 언론은 뉴스를 생산하는데 공식적인 정부 소식에 많이 의존하고 정부 정보원을 선호한다 (Hickerson, Moy & Dundsmore, 2011: 791). 그러나 소수의 정보원에 의존하게 되면 뉴스는 너무 쉽게 왜곡될 수 있다 (임영호, 2005: 163). 이렇게 정보원에 따라 정보는 같은 사안이라도 전혀 다른 뉴스가 될 수도 있고 아주 쉽게 왜곡될 수도 있다.

그렇다면 정보원은 어떤 종류가 있으며, 언론과 기자에게 더 나아가 뉴스 등 언론정보에 어떻게 영향을 미치고 작동을 하는지 알아보기로 한다.

2) 정보원 종류

언론사 입장에서 뉴스 정보원/취재원은 강력한 정보원과 강력하지 못한 정보원으로 구분할 수 있다. 언론사는 강력한 정보원을 강력하지 못한 정보원보다 특히 더 선호한다. 왜냐하면, 언론사 입장에서 특종이나 중요한 정보는 대부분 강력한 정보원으로부터 얻을 수 있기 때문이다. 그러면 언론사 입장에서 강력한 정보원과 강력하지 못한 정보원은 어디이며 누구인지 알아보기로 한다.

(1) 강력한 정보원

언론사에게 강력한 정보원은 뉴스와 같은 언론 상품을 생산하는 데 있어 꼭 필요한 원료를 제공해 주는 아주 중요한 거래처와 같다. 비록 계약서상으로 일이 진행되지는 않지만, 정부와 같은 강력한 정보원은 특종의 소재지가 될 수 있고, 재계로부터는 중요한 뉴스 자료를 공급받을 수 있기 때문이다. 특종기사는 신문사나 방송사 등 어떤 특정한 언론사에서만 얻은 중요한 정보를 의미한다. 즉 언론사 입장에서 특종을 낸 것은 그 언론사만이 중요한 뉴스를 보도/전달했다는 의미가 된다. 따라서 특종기사를 추구하는 것은 언론사 기자라면 누구나 가지고 있는 자연스러운 직업의식의 하나이기도 하다.

언론은 강력한 정보원을 강력하지 못한 정보원 보다 훨씬 선호한다고 이미 밝혔다. 언론사에게 강력한 정보제공자는 대표적으로 정부나 기업을 들 수 있다. 첫째, 주요 정부 기관 등 정치권력은 언론사 입장에서는 아주 중요한 첫 번째 강력한 정보원이다. 특히 백악관/용산(청와대), 국회, 재정부, 국방부, 시청, 검찰, 경찰 등에서 특종이 나올 확률이 아주 높기 때문이다. 다음으로, 강력한 정보원은 기업, 재계 등 자본권력이라고 할 수 있다. 언론사 입장에서 자본권력도 뉴스 가치가 있는 기삿거리를 지속적으로 얻을 수 있기 때문이다. 즉, 강력한 정보원들은 믿을만한 정보자료를 방대하게 쏟아내 뉴스 조직을 만족시켜줄 수 있기 때문에 언론사가 강력하지 못한 정보원보다 훨씬 선호한다. 이를 마크 피시먼(Mark Fishman)은 "관료에 대한 친화성 원칙"이라고 칭하며, "관료 조직만이 뉴스 조직의 정보 공급 수요를 충족시킬 수 있다"고도 했다 (Herman & Chomsky, 2002/2005: 95).

언론사가 관료 정보 등 강력한 정보원에 큰 무게를 두는 이유를 허먼과 촘스키(95-96)는 "정부와 기업의 정보제공자들은 그들의 지위와 명성 덕분에 인정과 신뢰를 받는 큰 장점"을 가지고 있기 때문이라고 했다. 뉴스 종사자들은 관료의 주장을 믿을 수 있는 지식으로 인정해 그들의 말을 쉽게 받아들인다는 것이다. 또 뉴스 종사자들이 관료의 정보를 중요하게 생각하는 이유는 언론 스스로가 '객관적인' 뉴스 전달자로 자처하기 때문이라는 것이다. 언론은 명예훼손 등 소송과 성향에 대한 비판을 피하며 객관적 인상을 유지할 정확한 표현의 자료를 원한다. 물론 여기에는 비용의 문제도 작용하고 있다. 신뢰가 있어 보이는 정보원으로부터 취득한 자료는 사실확인(팩트체크)을 하는 등 조사비용을 줄일 수 있는 데 비해, 그렇지 않은 정보나 더 나아가 비평과 위협이 발생할 수 있는 자료는 매우 세심한 사실확인과 큰 비용이 있어야 하는 조사가 뒤따를 수 있기 때문이라는 것이다. 이런 여러 가지 이유로 뉴스를 생산하는 언론사는 강력한 정보원을 좋아한다.

(2) 강력하지 못한 정보원

반면에 강력하지 못한 정보원은 언론에 접근하기 위해 많은 어려움이 산적해 있고, 심지어는 언론사 경비원의 독단적인 결정으로 무시를 당하는 일도 있다 (Herman & Chomsky, 2002/2005: 99-100). 이런 일들은 방송국과 같은 언론사가 아무나 쉽게 출입할 수 없고 출입증이 있어야만 드나들 수 있는 상황에서 일반 시민들은 흔히 마주할 수 있는 상황이다.

언론은 비판적인 정보원은 가급적 피한다. 이런 자료는 손에 넣기도 힘들고 뉴스로 나가기까지 많은 노력이 필요하기 때문이다. 이런 자료는 사실확인 등 신뢰성 구축에 상대적으로 더 많은 시간과 비용이 드는 것은 물론이고, "일차적인 정보원이 공격을 당하여 그것을 이용하는 언론에게 위협을 가할 수도 있기 때문이다". 더 나아가 강력한 정보원은 자신을 비판하는 비판자들이 언론에 노출되는 것을 막기 위해 자신의 명성과 중요성을 이용할 수도 있다. 예를 들어, 강력한 정보원들과 이들과 생각이 비슷한 유명 전문가들은 예정돼 있던 방송 토론에 자신들을 비판하는 사람이 출현할 것이라고 하면, 강력한 정보원들은 자신들은 출현하지 않겠다고 거부함으로써 비판자들이 언론에 접근할 기회를 차단하고 자신들이 독점할 수도 있다 (100).

2. 언론과 뉴스 정보원의 관계

언론은 강력한 정보원과 서로 공생관계를 유지한다. 언론사 뉴스의 주요 출처가 되는 정부 및 관료조직들은 공적 정보(public information)에 강력하게 영향을 미치며, 언론에 쉽게 접근할 수 있는 특별대우를 받는다 (Herman & Chomsky, 2002/2005: 96). 이런 상황은 우리 생활 주변에서도 아주 쉽게 확인할 수 있을 것이다. 텔레비전 방송 뉴스에 나오는 대다수 사람이 내 주변의 일반 시민인지 아니면 정부 및 관료조직에 소속된 정치가 또는 대기업에 소속된 사람인지 판단해 보면 쉽다. 또 이 출연진들이 정치권력이나 자본권력의 목소리를 대신하고 있는지 아니면 일반 시민의 입장을 예기하는지 구별해 보면 될 것이다.

강력한 정보원의 권한은 언론에 실질적으로 보조금을 지급하고, 중요 자료를 입수해서 언론이 뉴스를 제작하는 비용을 줄이는 데 이바지함으로써 특별한 친분을 유지한다. 그래서 이와 같은 보조금을 제공하는 거대 관료조직들은 '정기적인' 뉴스의 정보원으로서 언론사에 쉽게 출입할 특권을 얻게 된다 (99). 중요한 것은 정부와 같은 강력한 정보원은 언론에 보조금 지급 등 일반 시민들이 낸 세금을 강력한 이익집단을 위한 선전비용으로 사용할 수 있다는 사실이다 (100). 이 같은 사례는 우리나라 현 윤석열 정부에서도 아주 쉽게 찾아볼 수 있다. 예를 들어, 우리나라 3대 관변단체(정부 기관으로부터 직접적 또는 간접적으로 지원을 받는 공익성을 띤 단체)로 한국자유총연맹, 새마을운동중앙회, 바르게살기운동협의회가 윤 정부 출범 후 지원금이 급증한 것으로 나타났다. 용혜인 의원실이 2019년부터 2023년까지 관변단체 보조금 현황을 조사한 자료에 따르면 3개 관변단체 보조금 총액은 2019년 599억원에서 2023년 779억원으로 29.6%나 급증했다. 특히 윤석열 대통령이 당선한 2022년에서 직전 연도인 2021년 사이에는 18.9% (116억원) 상승했다 (최나영, 2023.10.17). 이와 관련하여, 《경향신문》(2023.08.15)은 사설을 통해 2024년 4월 총선에서 지원군이 될 만한 관변단체에는 보조금을 듬뿍 주면서 노동·시민단체는 '이권 카르텔'로 몰아붙이는 윤석열 정부의 '내로남불'이 볼썽사납다고 비판했다. 이렇게 정부와 같은 강력한 정보원은 자신들을 위해 활동할 이익집단을 위해 국민들이 낸 세금을 마음대로 사용할 수 있다는 사실이다.

1) 강력한 정보원의 역할

정부와 기업의 강력한 정보원의 역할은 자신들이 몸담고 있는 기관의 관점에 따라 뉴스 자료를 만들고 기자들의 일정을 맞추는 등 언론 조직의 편의를 위해 노력한다. 정보제공자인 자신들의 입장을 강화하기 위해 뉴스를 전달해 줄 언론사들의 모든 일정에 맞추고 편의를 제공한다. 그래서 공공기관이나 기업에 기자들이 동시에 모일 수 있는 공간을 제공하고, 자신들이 미리 준비한 연설 원고와 보고서를 기자들에게 배포하고, 언론사의 마감 시간에 맞춰 기자회견 일정을 잡고, 전문용어 및 어려운 것들은 쉬운 말로 보도자료를 작성하며, 기자회견과 '사진촬영'시간을 언론사 편의에 맞춰 세심하게 조정한다 (Herman & Chomsky, 2002/2005: 99). 더 나아가 이런 일을 담당할 전문성을 갖춘 홍보 및 공보 직원들을 채용하고, 이들은 자신이 속한 정부부처나 기업에서 맡은 업무를 충실히 수행한다.

이렇게 강력한 정보원들과 언론은 때로는 서로 의존하기도 하며 공생을 한다. 강력한 정보원은 언론에 각종 편의를 제공해주고 언론사에 출입할 특권을 얻는다. 취재 기자 등 언론담당자와 지속해서 관계를 이어가며, 이런 관계를 기반으로 권력층은 개인적인 친분, 위협, 보상 등의 방법으로 언론을 다루면서 영향력을 행사한다. 또한, 언론도 자신들의 정보 공급 수요를 충족시켜주는 강력한 정보원들의 감정을 건드리거나 긴밀한 관계를 깨뜨리지 않기 위해 노력한다. 진실을 아주 모호한 뉴스로 전달하면서 비판을 삼가야 한다고 여길 수도 있다. 강력한 정보원들이 터무니없는 거짓말을 한다고 해도 매일 새로운 뉴스를 내보내야 하는 언론은 중요한 자료를 그들에게 의존하기 때문에 그들을 거짓말쟁이라고 부를 수도 없다 (100).

2) 언론사 중요자료 제공자로서 정보원

권력과 정보제공자의 관계는 정부 기관이나 기업이 언론에 일일 뉴스 자료를 제공하는 강력한 정보원을 초월해 '전문가'를 공급하는 상황까지 확대 및 강화되었다. 정부조직의 강력한 정보원은 때로 아주 논리적인 비공식 정보원들이 반대의견을 나타냄으로써 거대한 권위가 약화하기도 한다. 그러나 이 문제는 전문가를 선임해 고문으로 고용함으로써 연구비를 지급하고, 더 나아가 그들이 직접 소속된 두뇌집단을 조직해 의견을 펼칠 기회를 제공하는 것으로 해결할 수 있었다. 그렇게 함으로써 정부와 '시장'이 원하는 방향으로 편향성이 만들어지거나 여론이 왜곡되도록 전문가를 공급했다. 이와 관련해, 헨리 키신저(Henry Kissinger)는 오늘날 "전문가의 시대에서" 전문가의 '후원자'는 "공통 견해에 큰 관심을 가진 사람들이며, 결국 전문가는 높은 수준에서 여론을 만들고 정의하는 사람"이라고 지적하기도 했다 (Herman & Chomsky, 2002/2005: 101). 결과적으로, 이 전략의 목적은 엘리트의 이익에 이용되는 의견이 곧 공통 견해로 인식되고 지속적으로 확산하게 하는 것이라고 할 수 있다 (102).

강력한 정보원들은 그들이 필요한 전문가 집단을 계획적으로 생산하고 대규모로 진행한다. 기업의 연구에 신뢰성을 부여하고 대학에 더 강력한 재계의 의견을 반영하기 위해 최고의 석학들을 고용할 수 있다. 이런 현실에 대해 헤리티지 재단의 에드윈 풀너(Edwin Feulner) 박사는 전문가를 고용하면 공공정책 분야가 적절한 결론을 끌어내는 "깊이 있는 학문적 연구로 가득한 곳"이 돼버린다고 했다. 이런 상황은 수천 종의 언론에도 적용돼 같은 개념을 확산시키는 등의 판매촉진으로 통제할 수 있는 "적절한 범위 내에서" 논쟁을 이끌어 갈 수 있다는 것이다. 이와 같은 법칙으로 1970년대와 1980년대 초에 기업의 관점을 선전하기 위한 다수의 기관이 속출했고 또 기업 목표에 충실했다. 이런 기관에 수많은 지식인이 유입되었다. 이들은 지원을 받으며 충실히 업무에 임했고 그들의 성과는 언론을 통해 세련된 선전전략으로 전파되었다. 종합적으로 볼 때, 기업의 자금 지원과 명확한 이념 목표를 위해 동원된 지식인의 신뢰성에는 별문제가 없었다. 심지어 이들은 자신들의 의견에 대한 확고한 지원을 기반으로 언론에 쉽게 들어갔다 (102).

더 나아가 언론은 전문가를 직접 공급하기도 한다. 즉, 공식적인 관점을 주기적으로 반복하는 '전문가'는 언론에 의해 직접적으로 발굴되기도 한다는 것이다. 언론은 자신들 관점과 같은 의견을 나타내는 사람들을 반복해서 노출함으로써 높은 위치로 끌어올릴 뿐만 아니라 의견 제기와 분석에서 아주 탁월한 자격을 갖춘 전문가들로 만들어내기도 한다. 대체로 권력에 도움이 될 만한 명성이 있는 전문가 집단은 언론에 의해 뉴스로 보도되는 자신들의 주장이 대중의 요구에 맞게 다듬어지고 정리하는 역할을 한다는 것을 알고 있다. 또한, 권력층이 자신들의 의견을 전파해줄 전문가를 공급하기 위해 어떻게 하는지도 알고 있다 (104).

3) 한국에서 뉴스 정보원

우리나라 언론현장은 기자실과 기자단을 중심으로 취재가 진행된다. 각 언론사는 강력한 정보원이 될 수 있는 정부나 기업 등 주요기관을 정해 언론사 취재기자를 지정해 출입하게 한다. 즉, 취재기자에게 출입처를 정해 주고 그곳에서 나오는 중요한 정보자료를 기반으로 뉴스를 생산해 전달한다. 물론 출입처가 없이 취재를 하는 현장기자도 있다. 그러나 언론사는 대부분 정부 및 주요기관에 자사 소속의 취재기자를 출입하게 함으로써 주요 정보를 취급한다. 이렇다보니 우리나라 언론사들의 정부 뉴스는 대략 70% 정도로 너무 높다. 우리나라 언론의 정부나 기업 등 공식 정보원 의존도가 높다는 비판은 어제오늘의 예기가 아니다 (박대민, 2023). 정부 의존도가 높으면 가장 큰 문제가 되는 것은 정부 의도대로 뉴스가 편향되거나 왜곡될 수 있다는 것이다. 왜냐하면, 소수의 뉴스 정보원에 의존하게 되면 뉴스는 너무 쉽게 편향될 수 있기 때문이다.

기자실은 주로 강력한 정보원이 제공하는 장소로, 정부나 관공서 그리고 기업 등에서 그 기관에 출입하는 취재 기자들을 위해 마련한 장소이다. 기자단은 이 기자실에 고정적으로 출입하는 언론사 소속 기자들의 단체(모임)이다 (Sa, 2013b: 413). 즉 우리나라 언론에서 생산하는 다수의 뉴스가 강력한 정보원에서 제공하는 자료를 기자실을 통해 배포하면, 취재기자는 이 자료를 기반으로 언론기사를 작성하거나 또는 추가 취재가 이루어지기도 한다. 기자실과 기자단을 중심으로 언론의 정보원 접촉이 진행되다 보니 이 제도로 인한 장점과 단점이 공존한다.

먼저, 기자실과 기자단의 장점을 살펴보면, 언론사 입장에서 경제적으로 큰 도움이 된다. 왜냐하면, 언론사는 상대적으로 적은 비용으로 주요 기관에 취재기자와 카메라 기자들을 배치해 출입하게 함으로써 중요한 뉴스를 취급할 수 있다는 장점이 있다. 또한, 정부나 기업 등 강력한 정보원의 입장에서도 본인들이 하는 일을 대중에게 알리고자 할 때 기자실과 기자단이라는 제도를 통해 정보를 국민에게 편리하고 쉽게 전달할 수 있다.

반면, 기자실과 기자단의 단점이라고 할 수 있는 문제점도 많이 발생하고 있다. 첫째, 소수의 주요 언론사에 소속된 기자들만이 기자실과 기자단을 독점하고 있다는 현실이다. 둘째, 언론사 기자들 내에서 기자단에 소속된 기자들을 중심으로 한 배타주의가 조장될 수 있다는 것이다. 셋째, '촌지 문화'와 같은 언론의 부패문화가 발생할 가능성이 크다는 것이다. 넷째, 정보원과 언론의 담합으로 힘을 남용할 우려가 있다, 예: 엠바고 (Sa, 2013b: 413-414).

이 장에서는 뉴스 여과장치로써 뉴스의 정보원이 어떻게 작동하는지 살펴봤다. 매일매일 새로운 뉴스를 생산해야 하는 언론사는 믿을만한 뉴스자료를 제공해주는 뉴스 정보원이 중요하다. 따라서 언론과 강력한 정보원은 서로 공생을 하며 이들의 뉴스는 자연스럽게 여과된다. 다음 장에서는 뉴스 여과장치로써 이념이 어떻게 작동하는지 알아본다.

에듀컨텐츠·휴피아
CH Educontents·Huepia

제10장. 뉴스 여과장치로써 이념

오랜 세월 세계를 이분법으로 대립하거나 동맹으로 모이게 한 것 중의 하나는 이념이라고 할 수 있다. 이 장에서는 뉴스 여과장치로써 이념이 어떻게 영향력을 발휘하는지 공부한다. 먼저, 반공주의가 무엇이고 어떻게 영향력이 있는지 살펴보고, 다음으로 분단이라는 특수 상황의 한국에서 반공주의는 어떻게 작동하는지 알아보기로 한다.

1. 반공주의 이해

1) 반공주의

(1) 반공주의란?

반공주의(反共主義, anti-communism) 또는 반공산주의(反共産主義)는 공산주의의 사상이나 그 이데올로기가 따르는 것에 반대하는 것, 즉 공산주의를 반대 및 비판하는 사상을 말한다. 반공주의 및 종교는 오랜 세월 대중을 선동하는 이념으로 중요한 역할을 해왔다. 이념의 갈등은 과거로부터 반공주의와 공산주의의 대립에서, 또는 서로 다른 종교 간에도 오늘날까지 발생하고, 또 앞으로도 계속될 것으로 생각한다. 권력가들은 이런 이념 갈등을 정치적 통제 장치로 이용하기도 한다. 물론 이 갈등에 언론도 중요한 역할을 한다. 허먼과 촘스키(Herman & Chomsky, 2002/2005: 109)는 언론이 뉴스를 취사선택할 때 작동하는 여과장치의 하나로 '반공주의'를 꼽았다. 통제수단으로써 반공주의가 뉴스를 취사선택할 때 영향을 미치는 원인은 공산주의가 재력가 등 자본권력의 사회적 위치와 우월한 지위를 송두리째 위협할 수 있기 때문이다. 견제수단으로써 반공주의가 효력이 나타나게 된 것은 오랜 세월 공산국가와의 끊임없는 분쟁과 폭넓게 알려지고 홍보된 해악으로 인해 반공주의가 서구 사상과 정치의 첫 번째 원칙이 되는 데 든든한 기반이 됐기 때문이다. 반공주의 이념은 적에 대항하도록 대중을 선동하는데 이용할 수 있는 아주 적합한 수단이다. 모호한 개념을 기반으로 재산권을 위협하거나 공산국가, 급진주의와의 화해나 이에 대한 지지 정책 및 옹호자들을 견제하는 것이 가능하기 때문이다.

2) 서구 반공주의

(1) 서구 반공주의의 역할

서구 반공주의의 역할은 좌파와 노동운동을 분열하게 만들고, 정치적 통제 장치의 역할을 한다. 결과적으로 서구 사상은 공산주의의 승리는 최악의 결과로 간주하며, 해외 파시즘을 지원하는 것은 그보다 덜 나쁜 죄악으로 정당화되었다. 파시즘은 극단적 전체주의적 정치 이념 또는 지배 체제로, 파시즘의 특징은 자유주의를 부정하고, 폭력적 일당 독재를 주장하며 복종을 강요한다. 또한, 국수주의·군국주의를 지향하고, 민족지상주의·반공을 강조하며 침략 정책을 주장한다. 더 나아가 사회민주주의자들에 대한 반대 역시 "공산주의자들에게 너무 약해서 그들의 손아귀에서 놀아난다"와 같은 방식으로 합리화 한다는 것이다 (109).

허먼과 촘스키(Herman & Chomsky, 2002/2005: 110)는 반공주의가 지배적인 이념으로 자리 잡은 미국의 문화 환경에서 자유주의자들은 빈번하게 공산주의 지지자나 태도가 불명확한 반공주의자로 낙인찍힌 채로 끊임없는 방어태세를 취하며 살아간다고 했다. 그들은 자신들의 재직 기간에 공산주의나 또는 비슷한 부류들이 승리하도록 놔둔다면 정치적인 희생이 커질 수밖에 없다고 믿는다는 것이다. 그들은 완전한 반공주의자가 되었다고 해도 계속적으로 반공주의자임을 증명해야 하는 심각한 압박에 시달린다고 했다. 이 때문에 그들은 마치 보수주의자와 아주 비슷한 행동을 한다고 했다. 자유주의자들은 어떤 때는 사회민주주의자들을 지지하지만, 그 사회민주주의가 급진적 사회주의나 일반적이고 사회적으로 소외된 곳에서 조직되는 대중 단체조직을 방임하는 자세를 보인다면 곧바로 지지하는 것을 취소한다고 했다 (109-110). 반공주의에 대한 열의가 고조되면 '공산주의'의 해악을 주장하는 중요한 증거의 요구가 없어지고, 허풍쟁이들이 증거를 알리는 정보원으로 활약할 수 있다고 했다. 망명자, 밀고자, 그 외 여러 기회주의자들이 '전문가'로 떠오르고, 비록 노골적인 거짓말이 아니라도 신뢰할 수 없는 폭로를 하고도 중앙무대에 남는다 (111).

통제수단으로써 반공주의는 제도를 통해 언론에 강력하게 영향을 미친다. 비록 빨갱이 소동이 발생하는 시기뿐만 아니라 평상시에도 반공주의와 공산주의로 구분된 세상의 시각으로 논쟁을 펼치게 된다. 서로 경쟁하는 양편에 이익과 손실이 분배되고 언론은 '우리 편'을 옹호하는 뉴스 보도를 아주 당당하게 취급한다. "조지프 매카시, 아르카디 셰브첸코, 클레어 스털링, 로버트 라이켄(Robert Leiken), 혹은 안니 크리겔, 피에르 데 같은 사람들을 만들어내고" 대중의 주목을 이끌어 낸 것 또한 언론이다. 따라서 반공주의라는 이념과 종교는 아주 강력한 언론의 여과장치가 된다 (112).

(2) 반공에서 매카시즘까지

매카시즘은 조지프 매카시(Joseph R. McCarthy, 1908-1957), 미국의 상원의원에게서 나온 말이다. "매카시즘(McCarthyism)은 논리적인 이론이나 사실의 근거 없이 정적을 비난하거나 공산주의 등으로 몰아 탄압하는 일"이다. 정치적 도약을 갈망했던 매카시는 1950년 1월 7일 자신의 정치적 조언자들로부터 눈이 번쩍 뜨이는 말을 듣게 되는데, 그건 바로 '반공'이었다. 그때 당시 미국을 휘몰아치고 있던 외국인 혐오증, 1949년 중국의 공산화, 소련의 원폭 실험과 유럽·동아시아에서의 영향력 증대 등은 반공이라는 정치적 상품의 가치를 아주 매력적으로 하는데 충분했다. 이 시기 미국에서는 공산주의에 대한 공포가 소설은 물론 신문의 머리기사를 장식하고 있었기 때문이다. 그럼에도 불구하고 이 공포를

드라마틱하고 사람들에게 매력적인 상품으로 키우는 실력은 매카시만한 사람은 없었다는 것이다 (McLellen, 557/강준만, 2017: 60 재인용).

매카시는 이런 호재를 그냥 지나칠 리 없기에 빠르게 변신했다. 그는 반공이 좋은 정치적 상품이라는 말을 들은 지 한 달 후인 1950년 2월 9일 역사에 길이 남을 매카시즘의 포문을 열기 시작했다. 이 포문을 연 곳은 웨스트버지니아주 휠링(Wheeling)으로 '링컨의 날'을 기념하는 주말 모임 행사 연설에서였다. 그는 "자신의 손에 국무성에 근무하는 공무원들 가운데에 당원증까지 가진 공산당원 205명의 리스트가 있다"고 주장했다. 그러나 이 말은 거짓에 다름없었다. 그 명단은 의례적인 FBI의 안보 관련 체크리스트로 단순 조사 대상자까지 포함하고, 또 그 명단의 인물 대부분은 이미 오래전 국무성을 그만두었기 때문이다 (61).

일반 대중이 이런 자세한 내막을 알 수는 없기에 매카시는 하루아침에 전국적인 인물로 부상했다. 미국의 상원의원이 침투한 공산주의자의 명단을 그것도 미국의 국무성에 205명이나 갖고 있다는데, 언론이 그냥 그대로 있을 리 없었다. 매카시는 언론의 화려한 조명을 받았다. 매카시의 휠링 연설 한 달 후인 3월 초순 《워싱턴포스트》의 시사만평가 허버트 블록(Herbert Block, 1909-2001)은 처음으로 '매카시즘(McCarthysim)'이란 단어를 사용하기 시작했다. 그는 매카시즘을 "선동, 근거 없는 비방, 인신공격(demagouery, baseless defamation, and mudslinging)"으로 정의했다. 매카시는 처음에는 '매카시즘'이라는 단어를 아주 불쾌하게 생각했지만, 후에는 이 단어를 기꺼이 받아들여 '소매를 걷어붙인 미국주의(Americanism with its sleeves rolled'로 다시 정의했다. 매카시즘은 '공산주의와의 투쟁'이라고 주장하며 "우리에겐 더 많은 매카시즘이 필요하다"고까지 역설했다. 더 나아가 나중에는 "매카시즘: 미국을 위한 투쟁(McCarthyism: The Fight For America"(1952)이란 제목의 책까지 출간하기에 이르렀다 (Giblin, 2009: 99/강준만, 2017: 61-62 재인용).

1950년 6월 25일에 일어난 한국전쟁은 매카시에게 날개를 달아줬다. 이 전쟁은 공산주의에 대해 막연한 공포감을 느끼고 있던 수많은 미국 국민들에게 매카시를 구세주처럼 생각하게 만든 계기가 됐다. 매카시는 그야말로 신바람이 났다. 1950년 8월 그는 위스콘신주 밀워키(Milwaukee)에서 있었던 연설에서 "미국의 젊은이들이 한국에서 죽어가고 있으며, 이는 정부 고위 관리들이 서구 문명보다는 공산주의에 더욱 충성을 하고 있기 때문"이라고 주장했다 (Baskerville, 1954.09.02: 14/강준만, 2017: 63 재인용). 권력이 점점 더 커지면서 매카시의 '광대 짓'은 줄어들 줄 모르고 더욱 기승을 부렸다. 그는 상원의원으로서 지켜야 할 에티켓의 모든 규칙을 어겼다 (65).

매카시가 이렇게 되기까지의 든든한 '빽'은 바로 여론이었다. 1954년 1월 갤럽 조사 결과 매카시의 지지도는 51퍼센트(반대 29퍼센트)였다. 이런 매카시의 지지를 무시할 수 없는 아이젠하워도 사적인 자리에선 매카시를 '부랑아(guttersnipe)'라고 지적했지만, 공적으론 매카시에게 놀아나는 경우가 많았다 (Sherrill, 1983.06.05: 31/강준만, 2017: 67 재인용). 이런 것을 지켜 보다 못한 당시 민주당 대통령 후보였던 아들라이 스티븐슨은 1954년 3월 6일 전국으로 중계되는 텔레비전 연설에서 '아이젠하워가 매카시즘에 굴복했으며, 공화당은 정치적 성공의 공식으로 매카시즘을 채택했다'고 비판했다 (Murray, 1975.Fall.23/강준만, 2017: 67 재인용). 이 비판은 단지 당파적 이해관계에서 나온 것만은 아니었다고 할 수 있다. 당시 공화당 내부에서도 '매카시가 해도 너무 한다'는 비판의 소리가 여기저기서 터져 나오고 있었기 때문이다. 이렇게 반공주의는 모호한 개념으로 상대를 적으로 만들어 버릴 수 있는 기제로 작동했다. 그 효과도 아주 컸다. 하물며 분단이라는 한반도 상황에서 이 반공 상품은 얼마나 잘 작동하겠는가! 지금부터 한국에서 반공주의는 어떻게 작동하는지 알아보기로 한다.

2. 한국에서 반공주의

한국전쟁 이후 한국에서 반공주의라는 이념은 통치수단으로 강력하게 작동해 왔다. 물론 오늘날은 과거 군사독재 권위주의 시대만큼 그 영향력이 강력하고 파급력이 크지는 않지만, 여전히 건재하다. 분단이라는 상황에서 집권자들에게 '이념' 통치는 언제든지 꺼내 쓸 수 있는 유용한 도구였다. 지금까지도 이어지는 남과 북의 분단은 이 도구를 아직까지도 작동하게 하는 충분한 원인이 되었다. 70년이 넘는 남과 북의 분단 기간에 남한에서는 오랜 기간의 군사독재 정권과 이에 기반을 둔 보수주의 정권 60여 년에 걸친 집권 내내 반공주의는 아주 효과적인 통치수단이 되었다. 특히 군사독재정권의 국가보안법을 이용한 반공주의는 국민을 통치하는 확고한 수단으로 이용하곤 했다. 더 나아가 반대 그룹, 언론, 군사독재에 비판적인 지식인들을 탄압하는데 남용하기도 했다. 한국 권위주의 정권의 국가보안법을 남용한 언론탄압에 대한 비판은 미국의 '프리덤 하우스'도 지적하고 있다. '프리덤 하우스'는 남한에서 권위주의 정권하에 국가보안법은 공산주의자 또는 친북으로 몰려 이념의 전파를 제한하는데 남용되곤 해왔다고 지적하고 있다 (Sa, 2009c: 10).

(1) 한국 반공주의의 기원

1945년 일제식민지로부터 광복 후 초기 한반도는 미국 군인의 통치하(1945-1948)에 있었다. 미군정은 거의 정신병적으로 공산주의를 증오하며 두려워했고 친제파 한국인들은 즉시 똑같은 반공주의를 내세웠다. 친제파는 '신사대주의 친제국주의자들'의 줄임말로 한국학 미국학자 데니스 하트는 "개인적인 이득을 위하여 한국과 한국인의 이익이 아닌 미 제국의 이익에 봉사하는 한국의 수구집단"이라고 정의했다. 하트는 일제식민지 시기에는 친일파 한국인들이 있었듯 대한민국 정부 수립 이후 70년이 넘는 동안에는 친미파 한국인들이 있다고 했다. 이들은 현대의 전 지구적인 경제적·군사적·정치적 제국주의 체제 속에서 제국의 이익에 기생하기를 선택한 사람들이라고 주장했다. 해방이 된 한반도에는 세 그룹이 존재했었다: 첫째는 일제식민지시대 독립운동을 하며 이와 관련해 감옥살이 등 탄압을 받았던 일제 저항그룹; 둘째, 오랜 세월 식민지 통치로 극심한 빈곤과 배고픔에 시달리는 다수의 일반 국민들; 그리고 세 번째는 식민지 시대 일제에 협력하며 축적한 재산과 기득권을 쌓았던 친일그룹(반민족 행위자)으로 나눌 수 있다 (하트, 2008.08.22).

광복 후, 일제 식민지 시절 친일파 즉 민족반역행위자를 처벌하려던 반민족행위처벌법(반민법)과 반민족행위특별조사위원회(반민특위)가 결성되었지만, 친일파 처벌이라는 뜻을 이루지 못하고, 거꾸로 친일 반민족 세력에 의해 반민특위가 강제로 해체되는 사태가 벌어졌다. 해방 후, 미군정하에 이 친일그룹은 그들의 부와 권력을 잃을까 걱정을 하며 우익세력으로 결집했다. 해방 직후에 친일파는 아주 소수였고 대부분의 동포로부터 미움과 원망을 받았다. 상식적으로 친일파는 처벌을 받고 모든 기득권을 잃어야 마땅했다. 그러나 불행히도 친일 경력이 있는 많은 사람들이 남한에서는 채 1년도 되지 않아 다시 권력을 쥐게 되었다. 이렇게 되기까지는 한반도에서 미국이 한 역할을 알아야 이해를 할 수 있다. 이와 관련한 하트(2008.08.22)의 글을 그대로 전하면 다음과 같다:

일제 때는 "미국=귀신·짐승"... 일제 패망 후엔 미국 추종
　1945년 당시 남한에 살던 대부분 사람들의 선택지는 친일파들이 대거 포진한 정권 밑에서 살거나, 그에 저항하거나 하는 두 가지 뿐이었습니다.
　하지만, 친일로 살찐 사람들에게는 미군정하의 친미파로 새로 태어나 일제 때 하던 것과 똑같은 방식으로 권력과 재산을 얻으며 살아갈 기회가 주어졌던 것입니다.
　하지 중장이 이끈 미군정은 해방 직후 보복이 두려워 산속으로 도망쳐 숨어있던 친일파들을 불러내어 경찰 등의 요직에 임명했습니다. (조금 우스꽝스러운 일화를 말씀드리자면 이들은 처형을 당하는 줄 알고 울며불며 질질 끌려 나왔다고 합니다.)
　이런 상황에서 정치적 견해란 체계적 신념이라기보다는 생존과 출세를 위한 편리한 도구였을 뿐입니다.
　한두 달 전만 해도 일본인들의 사상과 정책을 충실히 따르며 귀축미영(귀신이나 짐승 같은 미국과 영국)이라고 외치던 사람들이 이제는 새로운 외국인 통치자들의 언어와 신념을 철저히 추종하고 신봉하게 되었습니다. 미군정은 거의 정신병적으로 공산주의를 증오하고 두려워했고 친제파 한국인들은 즉시 똑같은 반공주의를 내세웠습니다.

일제 때 큰 재산을 축적한 김성수 같은 이들은 한국을 점령한 미국인들과 재빨리 친분을 맺었습니다. 1948년도까지는 토지개혁 등에 반대하며 북쪽에서 내려온 젊은이들로 구성된 서북청년회 등의 우익 단체가 여럿 생겨나 미군정과 긴밀한 관계를 맺고 활동했습니다. (강준만 교수에 따르면 미군정 당시 대한독립촉성전국청년총동맹과 같은 우익 청년단체의 조직원 수가 무려 323만명에 이르렀는데 이는 이념 때문이 아니라 높은 실업률과 극심한 빈곤 때문이었다고 합니다. 특히 우익 테러 단원의 경우 당시 임금 노동자의 수십 배에 달하는 소득을 올렸다고 합니다.)

새로 조직된 경찰에서도 고위직 간부들은 거의 전부 일제 때 경찰로 일했던 사람들이었습니다. 나중에 국군이 결성되었을 때도 마찬가지로 과거 일본 황군의 장교였던 채병덕(미군들이 '똥보 채가'라고 불렀던) 같은 자들을 장교로 다시 임용했습니다.

미군정으로서는 한국에 민주공화국을 설립하는 것이 이상적이라고는 여겼지만 그보다 훨씬 중요한 것은 미국정부의 이익에 부합하는 한국 정치 체제를 만들어 놓는 것이었습니다. 친일파 계층은 이와 같은 미제국의 사업에 요긴한 일꾼이 되었습니다.

1945년에서 1948년 사이의 미군정 시기에 무려 10만 명에 달하는 한국인들이 여러 가지로 억울한 죽음을 당했습니다. 일부는 학살을 당하기도 했고, 일부는 경찰이나 우익단체 등 공권력을 등에 업은 사람들에 의해 테러나 고문으로 죽었고, 일부는 쥐도 새도 모르게 실종되기도 했습니다.

그러나 미국인들은 직접 더러운 만행을 저지른 것이 아니라 주로 미국인의 충견이 된 친제파 한국인들의 손을 빌어 저질렀습니다. (실제로 미군정의 많은 간부들은 이런 잔혹한 통치를 좋아하지 않았지만, 그렇다고 해서 나서서 말리지도 않았습니다. 예컨대 일부 미국인들은 장택상을 "네로의 얼굴과 괴링(나치 장교)의 태도를 가진 자"라고 불렀지만 궁극적으로는 장택상의 잔혹한 수법들을 지지했습니다.)

해방 직후 남한에서의 이런 잘못된 출발은 지금까지도 단죄되지 못/안하고 한국사회에서 도도히 후대로 이어지고 있다. 해방 후 친일그룹(반민족 행위자)은 우익세력으로서 채 1년도 되지 않아 다시 권력을 쥐며 지배층이 되었고, 이들은 식민시절 축적한 부와 권력을 기반으로 해외유학 등 그들의 기득권을 공공히 하는데 아무런 제약이 없었다. 반면, 개인 재산까지 헌납하는 등 일제에 저항했던 독립운동가들은 오늘날까지도 가난뱅이로 살아가고 있는 실정이고, 후손들은 배움의 기회도 충분히 얻지 못하는 경우가 허다하다. 이런 것이 가능했던 것은 해방 이후 친일 세력이 지배층이 되었고, 이어진 군사독재통치, 이들을 기반으로 하는 보수 정권이 60여 년 오랜 세월 이어지며 강력한 반공주의를 내세우며 통치했기 때문이다. 현실이 이러하다 보니 정의나 도덕보다는 기회주의자들이 난무하는 천민자본주의 물질만능의 한국사회가 되었다.

(2) 언론계 반공주의 사례

남과 북의 분단과 남한의 반공 이데올로기는 오늘날까지도 공공연하게 작동된다. 남한에서 권위주의 정권하에 통치수단으로 반공주의를 남용한 사례는 광범위하게 찾아볼 수 있다. 작가들도 검열로 인한 글쓰기가 자유롭지 못했고, 언론계도 예외는 아니어서 《《경향신문》》은 검열로 폐간이 되었다 다시 복간을 하기도 했다 (장영미, 2021). 언론계의 대표적인 반공주의 남용은 박정희 정권하에 《《민족일보》》 폐간과 언론사주 사형 사례라고 할 수 있다. 《《민족일보》》는 1961년 2월 13일부터 5월 19일까지 발행되었던 진보성향의 일간지로 사주는 진보적 지식인으로 알려진 조용수였다. 비록 《《민족일보》》는 4개월에 못 미치는 짧은 기간 발행되었던 일간 신문이었지만, 그 당시 국민들로부터 큰 인기를 얻어 많이 팔렸다. 이 신문은 박정희 정권과 연합했던 기존 신문들과 반대로 권위주의 정권을 비판하고 고위 권력층의 부패를 폭로했다. 더 나아가 북한과 평화로운 통일을 독려했다. 그러나 5.16 군사쿠데타로 정권을 잡은 박정희는 《《민족일보》》 조용수 사장과 간부들을 체포했다. 그해 8

월 박정희 정권의 군사법원은 조 사장을 사형 선고했다. 조 사장은 북에 재정지원 및 친북단체에 가입했다는 명목으로 같은 해 12월에 사형되고 신문사 간부들은 투옥되고 말았다 (박현철, 2008.1.16). 젊은 지식인이며 언론사주인 조용수는 박정희 정권에 의해 북에 재정지원 및 친북 단체에 가입했다는 반공주의의 희생양으로 32세에 사형을 당하게 된 것이다.

《《민족일보》》 폐간 이유와 관련해 김민환(2006)은 《《민족일보》》가 편집주장의 내용보다 시절의 사회 상황이 더 큰 이유였다고 주장한다. 국내외적인 상황의 이유로 먼저, 중립화에 부정적인 미국의 시각을 들었다. 미국의 입장에서 보자면 중립화는 공산화의 한 과정에 불과하다고 인식하고 있었기 때문이다. 다음은 국내적으로 군사혁명을 일으킨 박정희 군부의 정략에서 기인한다고 밝히고 있다. 즉 박정희 군부는 국내적으로 진보적 지식인이 주도하는 반정부 시위를 원천 봉쇄할 필요성이 있었고, 국외적으로는 박정희 소장과 가족의 공산주의 활동 전력에 기인한 미국의 의구심을 풀어야 할 필요성이 있었기 때문이라는 것이다.

김민환은 《《민족일보》》와 조용수는 희생양으로 삼을 만한 여러 조건을 갖추고 있었기 때문에 박정희 군사정권의 희생양이 되었다는 것이다. 이런 주장이 타당했다는 결과는 《《민족일보》》 조용수 사장이 사형된 지 47년 만에 국가로부터 무죄 판결을 받아냄으로써 법적으로 인정됐다. 2008년 서울고법과 2011년 대법원은 무죄를 확정함으로써, 젊은 지식인이며 언론사주인 조용수는 박정희 정권에 의해 반공주의의 희생양으로 억울하게 사형을 당하게 됐다는 것을 확인해 주었다. 2008년 1월 한국 서울고등법원 김용석 판사는 "피고는 무죄다. 조용수 사장이 친북행위와 단체에 가입했다는 증거가 없다"고 판결했다. 이어서 2011년 대법원도 무죄를 판결하며, 한국 정부는 《《민족일보》》 조용수 사장 가족과 피해자 등 유가족에게 29억 7천만 원을 배상하라고 판결했다 (박현철, 2008.1.16; 이종석, 2008.01.17). '북한을 도왔다'는 죄명으로 1961년 사형된 젊은 언론사주 조용수가 47년 만에 국가로부터 무죄 판결을 받아냄으로써 이 사건은 한반도 보수/권위주의 정권의 왜곡된 반공주의 남용의 증거사례로 남게 됐다.

　이렇게 반공주의는 한반도 분단이라는 특수 상황에서 모호한 개념으로 남한에서는 반대파나 비판적인 지식인을 제거하는 통제수단으로 작동해오고 있다. 특히 권위주의를 거쳐 보수주의로 이어진 정권은 이런 반공주의 통제수단을 강력하게 작동해 오며 국민의 사상까지도 지배하고 있다. 보수주의자들의 반공주의 남용은 반대그룹을 비판하는데, 아주 효과적이었다. 또한, 일제식민지와 독재정권을 지지했던 과거 자신들 행위를 희석하고 정당화하며, 더 나아가 자신들의 부끄러운 과거에 대한 국민의 관심을 돌리는 것에도 유용했다 (Sa, 2009c: 10). 또한 남한에서 반공주의는 보수정권 강화에도 '매우 효과적'으로 이용된다. 실제로 이명박 보수정부 시기 2008년 국정원장 대통령 업무보고서를 통해 "간첩·보안사범 수사를 강화하겠다"고 당당하게 밝히기도 했다. 이후로 점점 감소하던 '국가보안법' 위반 사례는 다시 증가했다. 그렇다고 진보라고 할 수 있는 문재인 정부에서 반공주의 도구로 이용하는 국가보안법 위반사례가 완전하게 사라졌다고 할 수는 없는 것이 한반도의 현실이다. 보수정부라고 할 수 있는 현 윤석열 정부에서는 대통령 스스로가 제일 중요한 게 이념이다. 철 지난 이념이 아니라 나라를 제대로 끌고 갈 수 있는 철학이 이념이라는 말을 다시 외치는 현실이 되었다.

　이렇게 우리나라에서 반공주의 이념은 남북 분단이라는 특수 상황에서 오늘날까지도 강력한 통치수단으로 작동해 오고 있다. 지금까지도 한국의 주류 언론이 사회적 갈등 상황이 불거질 때마다 문제의 본질을 보수/진보 이념의 틀 속에 두고 이분법으로 양각의 날을 세우는 것은 이와 같은 정치, 경제, 사회적 맥락 속에 기반하고 있기 때문이다.

　지금까지 살펴본 것처럼, 반공주의는 논리적인 이론이나 사실의 근거 없이 정적을 비난하거나 공산주의 등으로 몰아 탄압하는 일에 아주 효과적으로 작동한다. 더 나아가 한반도 분단이라는 특수 상황의 한국에서 반공주의는 반대파나 비판적인 지식인을 제거하는 통제수단으로 아주 효과적으로 작동하고 국민의 사상까지도 지배하고 있다.

참고문헌

강명구 (2004). 한국 언론의 구조변동과 언론전쟁.「한국언론학보」 48(5): 319- 348.

강명구 (2004.11.26). 언론전쟁 종식을 위한 사회적 대타협을 제안한다. 2004년 한국언론학회 '언론법 개, 제정에 관한 토론회'. 25-44.

강준만 (2017).『커뮤니케이션 사상가들』. 서울: 인물과 사상사.

경향신문 (2023.08.15). 관변단체 보조금 늘려주면서 시민단체는 옥죄려는 정부. 《경향신문》 사설.
https://m.khan.co.kr/opinion/editorial/article/202308151937001

권혜련 (2017.09.19). 중간으로 산다는 것. 《조선일보》.
https://www.chosun.com/site/data/html_dir/2017/08/30/2017083000826.html

김민환 (2006).『민족일보 연구』. 서울: 나남.

김병철 (2005).『온라인 저널리즘의 이해』. 서울: 한국외국어대학교 출판부.

김사승 (2019). 뉴스생산방법 변화에 대한 이론적 고찰: 유동저널리즘과 조정메커니즘.「커뮤니케이션 이론」 15(3): 5-45.
https://doi.org/10.20879/ct.2019.15.3.005

김상균 (2017). 《MBC》 '백종문 녹취록' 사건으로 본 공영방송의 위기: 정치권력의 언론 통제 기제를 중심으로.「한국언론정보학보」 81: 189-224.

김승수 (2005). 한국매체산업의 계급론적 이해.「한국언론정보학보」 31: 113-165.

김재범·이계현 (1994). 여론과 미디어: 다원적 무지와 제3자 가설에 대한 연구.「한국언론학보」 31(봄호): 63-86.

김창룡 (2016.11.13). 박근혜 정권 언론탄압 주역들 처벌받아야 한다. 〈시사저널〉〉

https://www.sisajournal.com/news/articleView.html?idxno=160965

국회 공정사회 포럼 (2023.12.05.). 윤석열 정부의 수사기관을 통한 언론탄압 대응 방안. 정책세미나(국회의원 정책자료). 국회 의원회관 제8간담회의실, 주관, 국회의원 민형배.

https://docviewer.nanet.go.kr/reader/viewer

남시욱 (2001). 편집권 독립의 이상과 한계.「관훈저널」,78: 60-71.

민정식 (2010). 기자의 객관성 및 해설성 지향이 종결욕구와 스키마주도적인 정보처리에 미치는 영향.「한국언론학보」 54(2): 5-30.

민주언론시민연합 (2008/01/10). '삼성의 광고를 통한 신문 통제 분석'에 대한 논평. 민주언론시민연합.

박경만 (2019.10.19). [영상] 아직까지…거대신문사, 8만원 내밀며 "신문 봐달라". 〈〈한겨레〉〉.

https://www.hani.co.kr/arti/area/area_general/839942.html

박대민 (2023). 편향의 위상학 : 1650만 건 기사의 뉴스 정보원 연결망 분석을 통해 파악한 인용 방식의 보편적 분포로서 두터운 꼬리 분포.「한국언론학보」 67(6): 189-222.

박래부 (2015).『좋은 기사를 위한 문학적 글쓰기: 저널리즘 문장론』. 서울: 한울.

박수진·조을선·장선이·신정은 (2022).『기자들, 유튜브에 뛰어들다: 지상파 기자들의 뉴미디어 생존기』. 서울: 인물과 사상사.

박영흠 (2020). 법조 뉴스 생산 관행 연구: 관행의 형성 요인과 실천적 해법.「한국언론정보학보」 101: 268-304.

박현철 (2008.01.16.). 조용수 민족일보 사장 47년만에 무죄. 〈〈한겨레〉〉.

https://www.hani.co.kr/arti/society/society_general/263588.html

사은숙 (2017).『온라인 뉴스 생산과 출판』. 서울: 시간의 물레.

샌드박스네트워크 데이터랩(노성산·김새미나·오혜신) (2021).『뉴미디어 트렌드 2022』. 서울: 샌드박스네트워크.

심인보 (2020.08.19). 윤석열과 홍석현의 심야회동... 목격자들 "홍, 역술가 대동했다". 《뉴스타파》. https://newstapa.org/article/hMDQY

손재일·전기영 (2023). 『MBC 14층 사람들은 이렇게 기획합니다』. 서울: 21세기북스.

안경숙 (2008.01.02.). 한나라당, '명박어천가'에 보답하나. 《미디어오늘》. https://www.mediatoday.co.kr/news/articleView.html?idxno=64059

양민제·김민하 (2009). 온라인 시민저널리즘 양상과 시민 영향력에 관한 한·미 간 비교 연구: '유가' 관련 보도를 중심으로. 「한국언론정보학보」 45: 463-495.

양승찬 (2010). 여론에 미치는 미디어 효과. 성동규·양승찬 (편저), 『여론과 미디어』 (75-171). 서울: 한국언론진흥재단.

염정윤·정세훈 (2019). 가짜뉴스 노출과 전파에 영향을 미치는 요인: 성격, 뉴미디어 리터러시, 그리고 이용 동기. 「한국언론학보」 63(1): 7-45.

오세욱·김수아 (2016). 『디지털 저널리즘 투명성 제고를 위한 기술적 제안』. 서울: 한국언론진흥재단.

오세욱·정세훈·박아란 (2017). 『가짜뉴스 현황과 문제점』. 서울: 한국언론진흥재단.

이규정 (2023). 한국 언론의 위기와 민주주의. 「한국과 국제사회」 7(3): 537-564.

이동근 (2004). 온라인 뉴스 미디어의 다양성에 관한 일고찰: 정보원 및 프레임 분석을 통하여. 「한국언론학보」 48(4): 218-242.

이승희 (2010.09.08). '재벌의 언론지배에 관한 보고서(2010)'. 경제개혁리포트 2010-12호. 경제개혁연구소.

이재경 (2007). 한국 언론과 글로벌 스탠더드, 임상원·김민환·양승목·이재경·임영호·윤영철 (편저), 『민주화 이후의 한국언론』 (183-231). 서울: 나남

이정환 (2024.02.14). 20년간 '4조 원' 삼성전자 광고비가 말하는 것. 민주언론시민연합 (칼럼). https://www.ccdm.or.kr/ecitizen/325830

이상훈·김요한 (2013).『커뮤니케이션의 이해와 활용』. 서울: 삼인.

이종석 (2008.01.17). 민족일보 조용수 사장 사형 47년만에 '무죄'. 《동아일보》.

https://www.donga.com/news/Society/article/all/20080117/8534593/9

임영호 (2002).『전환기의 신문 산업과 민주주의』. 서울: 한나래.

임영호 (2005). 신문 저널리즘, 김영욱·이은주·임영호·강미선·김영주·황용석·주은수 (편저),『위기의 한국 신문: 현황, 문제점, 지원 방안』(149-224). 서울: 한국언론재단.

임영호 (2010). 뉴스가치의 이해, 강내원·김경모·김남두·김사승·김성해·김춘식·안종묵·이기형·이승선·이재진·이준웅·임영호·최영재 (편저),『저널리즘의 이해』(27-48). 서울: 한울.

임효선 (1984). 서구민주주의의 새로운 고민. 차기벽 (편저),『정치와 정치사상』(159-193). 서울: 한길사.

우승용·주동황 (2002).『편집권 독립, 반세기의 고민』. 서울: 한국언론재단.

유승현·정영주 (2020). 뉴스 유통의 변동과 지상파 뉴스 콘텐츠의 대응전략에 대한 탐색적 연구.「방송통신연구」111: 68-109.

윤경환 (2020.08.24). 英언론 "文정부, 비판 못참아… 운동권 좌파들 아직도 약자 이미지". 《서울경제》.

https://www.sedaily.com/NewsView/1Z6PC1XF1P

윤평중 (2001). '정치적인 것'의 이념과 공론장.「철학연구」53: 305-325.

장영미 (2021). 검열과 언론 통제와 글쓰기 문화-마해송의 '모래알 고금'을 중심으로.「현대소설연구」82: 65-88.

장호순 (2004).『언론의 자유와 책임』. 서울: 한울.

전국언론노동조합 (언론노조, 2004.09.21). [387호] 언론개혁 3대 법안 국회 제출. 언론노보.

https://media.nodong.org/news/articleView.html?idxno=3223

전국언론노동조합(언론노조, 2023.10.26). [성명] 언론인 무차별 압수수색, 윤석열 정권은 언론자유를 어디까지 망가뜨릴 작정인가. 전국

언론노동조합 성명서.

    https://media.nodong.org/news/articleView.html?idxno=30249

정민·백다미 (2017). 가짜 뉴스(Fake News)의 경제적 비용 추정과 시사점.「한국경제주평」736: 1-15.

정철운 (2016.11.10). TV조선·한겨레·JTBC가 합작한 '박근혜 퇴진' 100일의 기록. 《미디어 오늘》.

    https://www.mediatoday.co.kr/news/articleView.html?idxno=133186

정철운 (2023.10.31). MBC 정부 광고, 1년 사이 '반토막'. 《미디어 오늘》. https://www.mediatoday.co.kr/news/articleView.html?idxno=313435

정형권 (2014).『나를 표현하는 글쓰기 나를 대신하는 책쓰기』. 경기: 지앤선(志&嬋).

조준혁 (2021.08.26). "동아일보입니다. 신문 필요하면 전화주세요, 현금 드려요". 《미디어오늘》.

    https://www.mediatoday.co.kr/news/articleView.html?idxno=215177

조항제 (2009).『한국방송의 이론과 역사』. 서울: 논형.

차희원 (2015).『기업 명성과 커뮤니케이션: 통합 커뮤니케이션 자본 모델의 이론과 전략』. 서울: 이화여자대학교 출판부.

최나영 (2023.10.17). [2023국감] "3대 관변단체 보조금 5년간 3291억인데…감사는 부실". 《데일리한국》.

    https://www.hankooki.com/news/articleView.html?idxno=111040

최영 (2002). 온라인신문에서의 시민저널리즘 가능성 연구: 일상적 실천을 중심으로.「한국언론학보」46(6): 33-63.

최윤규 (2020). 지상파 방송사의 검찰수사 뉴스보도에서 나타난 익명 정보원 편향에 관한 연구: 조국 수사 관련 정보원을 중심으로.「언론정보연구」57(4): 196-239.

하트, 데니스 (2007.11.21). "적으로 삼아 마땅한 자들과 싸운다": [제국에서 띄우는 편지 ⑧] 미국의 대안 언론. 《오마이뉴스》.

    https://www.ohmynews.com/NWS_Web/View/at_pg.aspx?CNTN_CD=A0000771255

하트, 데니스 (2008.08.22). "철학 없는 기생 집단 한국 수구": [제국에서 띄우는 편지 ⑯] 한국 수구의 과거와 현재. 《오마이뉴스》. https://www.ohmynews.com/NWS_Web/View/at_pg.aspx?CNTN_CD=A0000965985

한국민족문화대백과 사전. https://encykorea.aks.ac.kr/

한국언론진흥재단 (2023). [보고서] 2023 한국의 언론인: 제16회 언론인 조사. 조사분석 2023.

한상진 (2020.07.24). 윤석열, 서울중앙지검장 시절 조선일보 방상훈과 '비밀 회동'. 《뉴스타파》. https://newstapa.org/article/ybuUZ

한선 (2023). 지역방송 보도프로그램의 저널리즘 실천양상의 변화 탐구. 「한국언론정보학보」 121: 172-201.

한혜주·이경미 (2014). 소비자의 소셜 미디어를 통한 정보공유 활동에 대한 연구. 「소비자학연구」 25(2): 21-44.

황용석·권오성 (2017). 가짜뉴스의 개념화와 규제수단에 관한 연구 : 인터넷서비스사업자의 자율규제를 중심으로. 「언론과 법」 16(1): 53-101.

홍주환 (2021.01.11). [영화 '족벌' 플러스]① 동아일보 사주의 '별장 파티'. 《뉴스타파》. https://newstapa.org/article/FGDUQ

Bernays, E. L. (1923/2022). Crystallizing Public Opinion, 강예진 역 (2022), "여론 굳히기", 서울: 인간희극.

Chomsky, N. (1994/2004)a. The Common Good, 강주헌 역 (2004), "촘스키, 세상의 권력을 말하다" 1. 서울: 시대의창.

Chomsky, N. (1994/2004)b. The Prosperous Few and The Restless Many Secrets, Lies and Democracy, 강주헌 역 (2004), "촘스키, 세상의 권력을 말하다" 2. 서울: 시대의창.

Chomsky, N. (1996/2005). Writers and Intellectual Responsibility, 강주헌 역 (2005), "지식인의 책무"(14-43). 서울: 황소걸음.

Herman, E. S. & Chomsky, N. (2002/2005). Manufacturing Consent, 정경옥 역 (2005), "여론조작"(9-118), 서울: 에코리브르.

Kovach, B., & Rosenstiel, T. (2007/2009). The Elements of Journalism (2nd ed.). 이재경 역 (2009). "저널리즘의 기본 원칙". 서울: 한국언론진흥재단.

Kovach, B., & Rosenstiel, T. (2014/2014). The Elements of Journalism (3rd ed.). 이재경 역 (2014), "저널리즘의 기본 원칙". 서울: 한국언론진흥재단.

Aristotle, (1984). *Aristotle The Politics*. In C. Lord (Trans. & Eds.). Chicago and London: The University of Chicago Press.

Artz, L. (2007). The Media Globe. In L. Artz, & Y. R. Kamalipour (Eds.), *The Corporate Model from National to Transnational* (141-153). Maryland USA; Plymouth UK: Rowman & Littlefield Publishers.

Bourdieu, P. (1993). The Field of Cultural Production: Essays on Art and Literature. In R. Johnson (Eds.), *The Field of Cultural Production, or: The Economic World Reversed* (29-73). Cambridge England: Polity Press.

Choe, Sang-Hun (2023.11.09). "President's War Against 'Fake News' Raises Alarms in South Korea. 《The New York Times》. https://www.nytimes.com/2023/11/10/world/asia/south-korea-fake-news-disinformation.html

Christians C. G., Rotzoll, K. B., Fackler, M., McKee, K. B., & Woods, Jr. R. H. (2005). *Media Ethics: Cases and Moral Reasoning* (7th ed.). Boston; London: Pearson/Allyn & Bacon, (Chapter 1).

Curran, J. (2002). *Media and Power*. London & New York: Routledge, (Chapter 8).

Davison, W. P. (1983). The Third-Person Effect in Communication. *The Public Opinion Quarterly* 47(1-3): 1-15.

Emerson, T. I. (1962-1963). Toward a General Theory of the First Amendment. *Yale Law Journal* 72(877): 877-956.

Fiss, O. M. (1986). Free Speech and Social Structure. *Journal of Iowa Law Review* 71: 1405-1425.

Freedom House. Global Freedom Status.
https://freedomhouse.org/explore-the-map?type=fiw&year=2023

Grattan, M. (1998). Editorial Independence: An Outdated Concept? *Australian Journalism Monographs* 1, May, University of Queensland.

Guerrero, M. A., & Restrepo, M. L. (2012). Media Literate "Prodiences". In P. Mihailidis (Eds.), N*ews Literacy: Global Perspectives for the Newsroom and the Classroom* (41-62). New York: Peter Lang.

Habermas, J. (1989). *The Structural Transformation of the Public Sphere: An Inquiry into a Category of Bourgeois Society.* T. Burger (Trans.). Cambridge UK: Polity Press.

Hallin, D. C. & Mancini, P. (2004). *Comparing Media Systems: Three Models of Media and Politics.* Cambridge and New York: Cambridge University Press.

Harcup, T., & O'Neill, D. (2001). What is News? Galtung and Ruge Revisited. *Journalism Studies* 2(2): 262-80.

Hart, D. (2001). *From Tradition to Consumption.* Seoul: Jimoondang.

Hermans, L. & Drok, N. (2018). Placing Constructive Journalism in Context. *Journalism Practice* 12(6): 679-694.

Hickerson, A. A, Moy, P, & Dunsmore, K. (2011). Revisiting Abu Ghraib: Journalists' Sourcing and Framing Patterns. *Journalism & Mass Communication Quarterly* 88(4): 789-806.

Krause, M. (2011). Reporting and the Transformations of the Journalistic Field. *Media, Culture & Society* 33(1): 89-104.

LaMay, C. L. (2007). *Exporting Press Freedom: Economic and Editorial Dilemmas in International Media Assistance.* New Brunswick (U.S.A.) &

London (U.K.): Transaction Publishers.

Lippmann, W. (1922). *Public Opinion*. New York: The Free Press.

Lumby, C. (1999). *Gotcha: Life in a Tabloid World*. NSW Australia: Allen & Unwin.

McCombs, M. (2004). *Setting the Agenda*. Cambridge: Polity Press.

Noelle-Neumann, E. (1991). The Theory of Public Opinion. *Communication Yearbook* 14: 256-287.

O'Neil, P. H. (1998). Communicating Democracy. In P. H. O"Neil (Eds.), *Democratization and Mass Communication: What Is the Link?* (1-20). Colorado; London: Lynne Rienner Publishers.

Oxford Dictionaries. https://www.oxfordlearnersdictionaries.com/

Park, M-J., Kim, C-N. & Sohn, B-W. (2000). De-Westernizing Media Studies. In J. Curran & M-J. Park (Eds.), *Modernization, Globalization, and the Powerful State: The Korean Media* (111-123). London & New York: Routledge.

Pihl-Thingvad, S. (2015). Professional Ideals and Daily Practice in Journalism. *Journalism* 16(3): 392-411.

Reporters Without Borders. Press Freedom Index. https://rsf.org/en/ranking

Reuters Institute (2023). "Digital News Report 2023-South Korea". https://reutersinstitute.politics.ox.ac.uk/digital-news-report/2023/south-korea

Rheingold, H. (1993). *The Virtual Community*. Canada: Addison-Wesley.

Sa, EunSuk (2009a). Factors Influencing Freedom of the Press in South Korea. *Asian Social Science* 5(3): 3-24.

Sa, EunSuk (2009b). The Press and Democracy in South Korea since Japanese Colonial Rule. *Asian Social Science* 5(6): 19-39.

Sa, EunSuk (2009c). Development of Press Freedom in South Korea since Japanese Colonial Rule. *Asian Culture and History* 1(2): 3-17.

Sa, EunSuk (2013a). Distorted Democracy and Freedom of the Press under Capitalism. *International Journal of Humanities and Social Science* 3(11): 161-171.

Sa, EunSuk (2013b). The Process of News Production and Journalist Autonomy in Practice. *Pensee* 75(10): 403-421.

Seo, S. M. (2020). "South Korea's Watergate Moment: How a Media Coalition Brought Down the Park Geun-hye Government". *Journalism Practice*. DOI: 10.1080/17512786.2020.1730221.

Soros, G. (2004). *The Bubble of American Supremacy*. NSW Australia: Allen & Unwin.

William Gallo & Lee Juhyun, (2023.12.07). Under Yoon, South Korea Defamation Cases Against Media Rise. VOA(Voice of America). https://www.voanews.com/a/under-yoon-south-korea-defamation-cases-against-media-rise-/7388864.html

부록

인터넷신문윤리위원회 윤리강령

출처: 인터넷신문윤리위원회

[전문]
인터넷신문은 자유롭고 책임 있는 언론을 실현해 주어진 시대적 사명을 다할 것을 다짐한다.
건전한 여론 형성과 민주주의 발전, 문화창달에 기여하기 위하여 우리는 스스로 윤리기준을 세워 인터넷신문윤리강령을 제정하고 이를 실천할 것을 결의한다.

제정 : 2011. 03. 23
개정 : 2014. 12. 19
개정 : 2015. 12. 17
개정 : 2017. 12. 07
전면 개정 : 2019. 12. 26

제1조 언론의 자유
인터넷신문의 모든 구성원은 국민의 알권리가 실현되도록 대내외적인 모든 침해와 압력, 제한으로부터 언론의 자유와 독립을 수호한다.

제2조 언론의 책임
인터넷신문은 사회의 공적기구로서 보도의 사실성, 정확성, 균형성을 추구하고 선정보도를 지양한다. 기사 작성 시 사실과 의견을 구분하고 보도 대상자의 반론권을 보장한다.

제3조 인격권의 보호
인터넷신문은 공공의 이익에 관한 것으로 정당한 사유가 있지 않는 한 개인의 명예, 사생활, 개인정보 및 그 밖의 인격적 가치를 침해해서는 안 된다.

제4조 약자 보호와 차별 금지
인터넷신문은 인종, 민족, 국적, 지역, 신념, 나이, 성별, 직업, 학력, 계층, 지위 등에 대한 편견과 차별, 혐오를 배제한다. 또한 사회적 약자와 소수자의 권리 보호에 앞장선다.

제5조 저작권 보호
인터넷신문은 공표된 저작물을 보도에 활용하는 경우 반드시 출처를 표시하고 다른 언론사의 보도와 논평을 표절하지 않는다.

제6조 이해 상충
인터넷신문의 모든 구성원은 취재·보도 과정에서 알게 된 정보를 이용해 부당한 이익을 취하지 않으며 금품이나 향응을 받아서는 안 된다. 회사는 기자에게 광고, 협찬, 판매 등을 요구해서는 안 되며 기자는 이에 응해서는 안 된다.

제7조 부당게재 또는 전송 금지
인터넷신문은 동일하거나 유사한 기사를 반복 게재 또는 전송하지 않으며, 실시간 검색어 등의 오남용이나 과거 기사의 부당한 활용을 하지 않는다.

제8조 기사와 광고의 분리
인터넷신문은 이용자가 광고를 기사로 오인하지 않도록 기사와 광고를 명확하게 구분해야 한다.

제9조 광고의 신뢰성 확보
인터넷신문은 이용자에게 유용하고 신뢰를 주는 광고 정보를 전달하기 위해 노력하고, 선정적이거나 혐오스런 광고를 지양한다. 또한 이용자를 기망하지 않고 기사 가독성을 저해하지 않는 방법으로 광고를 배치한다.

제10조 이용자 참여

인터넷신문은 이용자의 건전한 참여 기회를 제공하고 기사의 정당한 이용을 보장한다. 또한 이용자의 게시글 등으로 타인의 권리가 침해되지 않도록 노력한다.

인터넷신문 기사심의규정

출처: 인터넷신문윤리위원회

「인터넷신문 기사심의규정」은 「인터넷신문윤리강령」의 제정 취지 및 이념에 따라 자율심의를 함에 있어 필요한 세부 심의규정입니다.
심의규정의 규범적 특성상 이에 동의, 참여하는 자에게 적용되며 심의규정에 근거한 자기규율 의무를 부담하게 됩니다.

제정 : 2014. 12. 19
부분개정 : 2015. 12. 17
부분개정 : 2017. 12. 07
전면개정 : 2019. 12. 26
부분개정 : 2021. 12. 20
부분개정 : 2023. 12. 18

제1장 총칙

제1조 (목적)

이 규정은 자율심의에 필요한 세부기준을 정함으로써 인터넷신문윤리강령을 실천하는데 그 목적이 있다. 또한 기사심의분과위원회의 심의기준으로 삼는다.

제2조 (정의)

인터넷신문윤리강령 및 이 심의규정에서 사용하는 용어의 의미는 다음 각 호와 같다.
1. "인터넷신문"이란 신문법 제2조제2호에 규정된 요건을 갖춘 전자간행물로서, 인터넷신문윤리위원회의 준수서약사를 말한다.
2. "인터넷뉴스서비스"란 신문법 제2조제5호에 규정된 전자간행물을 말한다.
3. "언론인"이란 인터넷신문의 제작·발행과 관련된 발행인, 편집인, 기자 등 모든 구성원을 말한다.

4. "이용자"란 인터넷신문 또는 인터넷뉴스서비스가 제공하는 콘텐츠나 서비스를 이용하는 자를 말한다.

제2장 심의기준

제1절 일반보도원칙

제3조 (보도의 정확성)
1. (사실의 전달) 취재 및 보도에서 사실이 제대로 전달되도록 해야하고 허위사실 또는 미확인 정보에 기반한 기사를 작성하지 않도록 유의한다.
2. (정확성과 신뢰성 확보) 보도의 정확성과 신뢰성을 위하여 다음 각 호의 사항을 지키도록 노력한다.
- (취재원의 신뢰성 확인) 취재원의 신뢰도를 확인하며, 각종 자료의 정확성을 검증한다. 특히 감춰진 사실의 폭로일 경우 취재원의 의도와 정확성을 검증해야 한다.
- (취재원의 명시) 기사의 취재원 또는 출처를 명시적으로 밝히는 것을 원칙으로 한다. 다만, 그 취재원의 신원이 드러나 불이익을 받거나 신변이 위태롭게 될 우려가 있는 경우에는 예외적으로 익명으로 할 수 있다.
- (정확한 인용) 취재원의 발언, 자료 등을 기사 중에 인용할 때 그 내용의 취지, 강조점 등을 보도의 목적에 맞추어 변형하지 않는다.
3. (사실과 의견의 구분) 이용자가 사실과 의견을 혼동하지 않도록 표현하고 편집한다. 특히 기자 또는 매체의 의견을 취재원의 발언인 것처럼 기사화해서는 안 된다.

제4조 (균형성과 반론권 보장)
1. (균형 유지) 다툼이 있는 사실이나 사람, 세력 등에 관한 취재 및 보도에서 균형을 유지한다. 2. (반론권 보장) 보도로 인해 불리한 입장에 처할 수 있는 개인과 단체 등에 대해 해명할 수 있도록 사전에 반론기회를 주고, 사후에라도 반론권을 행사하겠다는 의사 표시가 있을 경우 그 내용을 기사에 포함시키도록 노력한다.

제5조 (선정보도의 지양)
1. (선정성의 지양) 사건과 사안을 보도할 때 선정적이거나 자극적인 표현은 사용해서는 안 되며 저속하게 다뤄서도 안 된다.
2. (비속어의 지양) 비속·저속한 표현을 사용하지 않도록 노력한다.

제6조 (제목의 원칙)
기사의 제목은 기사의 요약적 내용이나 핵심적 내용을 대표해야 하며, 기사 내용과 다르게 허위, 과장, 비방, 선정적 표현을 사용하지 않도록 한다.

제7조 (여론조사의 보도)
1. (조사의 인용) 여론조사 결과를 보도할 때에는 조사의뢰기관, 조사기관, 피조사자의 선정방법, 표본의 크기, 조사지역·일시·방법, 표본오차율, 응답률, 주요 질문내용 등을 밝혀야 한다.
2. (예외) 이미 공표 또는 보도된 여론조사결과를 인용하는 경우에는 여론조사의 의뢰기관, 조사기관 및 조사기간을 밝혀 보도할 수 있다.
3. (오차범위 내 결과보도) 여론조사결과가 오차범위 내에 있는 경우에는 이를 명확히 밝혀야 하며 우열을 가리거나 서열화하는 표현을 해서는 안 된다.

제8조 (통계조사의 보도)
통계자료를 인용하거나 보도할 때, 조사의 주체, 방법, 출처, 조사 기간 등을 밝혀 보도해야 한다.

제9조 (사진 등의 사용)
1. (보도 사진과 영상) 보도 사진과 영상은 있는 그대로의 사실을 반영해야 하며, 사실관계를 왜곡해서는 안 된다. 다만, 기술적 편의를 위해 부득이한 경우 최소한의 편집기법을 사용할 수 있다.
2. (자료 사진 등의 사용) 이해를 돕기 위한 자료 사진 및 영상, 이미지의 경우 기사 내용과 연관성이 있어야 한다. 기사 내용과 직접적으로 관련이 없는 사진 등을 사용할 때는 이 사실을 밝혀야 한다.

제2절 권리 보호

제10조 (인격권의 보호)

1. (명예훼손의 금지) 오보, 부정확한 보도, 왜곡보도, 그리고 공익과 무관한 사실보도 등으로 개인이나 단체의 명예나 신용을 훼손해서는 안 된다.
2. (사자의 명예훼손 금지) 사자의 명예를 부당하게 훼손해서는 안 된다.
3. (예외) 제1항 및 제2항에 해당하더라도 공표한 내용이 진실한 사실로서 오로지 공공의 이익에 관한 경우에는 예외로 한다.
4. (초상권의 보호) 타인의 초상권을 침해하지 않도록 각 호의 사항을 준수한다.
- (사진 등의 촬영) 당사자의 동의를 얻어 촬영하고 보도하는 것을 원칙으로 한다.
- (공공장소에서의 촬영) 공공장소에서 촬영할 경우 그 사실을 알 수 있도록 하며, 이를 보도시 특정 개인의 권리를 침해하지 않도록 한다.
- (온라인 게시물의 이용) 블로그, SNS 등 온라인에 공개된 사진을 인용하여 보도할 때는 당사자의 동의를 얻거나 사용이 허용된 경우에만 이를 이용할 수 있다. 다만, 공인이나 공적 관심사에 해당하는 경우 등은 예외로 한다.
5. (사생활 보호) 공익을 위해 부득이한 경우가 아니라면 개인의 사생활을 보도해서는 안 된다. 공인의 사생활을 보도할 때도 공적 관심사와 전혀 무관한 내용은 보도하지 않는다.
6. (미성년자 보호) 미성년자를 대상으로 취재나 보도하는 경우 다음 각 호의 내용을 준수한다.
- (미성년자 취재시 보호책임자 동의) 미성년자를 대상으로 인터뷰나 촬영을 할 때에는 부모 또는 기타 보호자(법적으로 위임받은 친척 또는 교사 등)의 동의를 받는 것을 원칙으로 한다.
- (미성년자 신원보호) 미성년자나 그 가족이 형사 피의자 또는 피해자인 경우 해당 미성년자의 신원을 밝히지 않는 것을 원칙으로 한다.

제11조 (차별적 표현 금지)

1. 사회적 약자와 소수자의 권리를 보호하고, 지역·장애·인종·출신국가·성별 및 성 정체성·나이·직업·종교 등으로 구별되는 특정 집단을 대상으로 모욕적이거나 혐오적인 표현으로 해당 집단이나 그 구성원들에게 굴욕

감이나 불이익을 주는 보도를 하지 않는다.
2. 1항과 연관된 보도 과정에서 사안의 설명에 직접적 관련이 없는 한, 세부 사항을 자극적으로 묘사하거나 추정만으로 보도하여 차별이나 편견을 조장하거나 강화해서는 안 된다.

제12조 (저작물의 인용과 전재)
1. (출처의 명시) 다음 각 호와 같이 제3자의 기사, 공표된 저작물 등을 이용하는 경우 출처를 밝혀야 한다.
- 다른 매체의 기사 또는 공표된 저작물 등을 인용하는 경우
- 국가, 지방자치단체, 공공기관이 저작권을 갖고서 사용이 공개된 경우
- SNS, 온라인 커뮤니티, 블로그, 댓글 등 공개를 목적으로 한 온라인상의 게시물을 인용하는 경우
2. (통신기사의 출처표시) 통신사 기사를 이용할 때는 자사 기사와 구별하도록 출처를 밝혀야 한다. 전재계약을 맺은 때도 같다.
3. (표절의 금지) 출처를 밝히지 않고 기사의 1/2 또는 3개 문단 이상을 다른 매체 등으로부터 전재해서는 안 된다.
4. (이미지 등의 저작권 보호) 개인이나 단체의 사진, 그림, 영상물 등의 저작물을 보도에 이용할 때는 동의를 구하고 출처를 밝혀야 한다.

제13조 (범죄보도)
1. (피해자 보호) 범죄 피해자의 신원을 밝히지 않는 것을 원칙으로 한다.
2. (피의자 및 피고인의 신원 공개) 형사사건의 피의자와 피고인은 무죄추정의 원칙에 따라 그의 인격권을 존중해 신원을 밝히지 않는 것을 원칙으로 한다. 다만 법적으로 허용된 경우에는 예외로 한다.
3. (범죄와 무관한 가족 보호) 범죄 사건을 보도할 때는 범죄와 관련이 없는 가족의 신원을 밝히지 않는 것을 원칙으로 한다.
4. (범죄 등과 관련한 보도) 범죄 등과 관련한 보도를 하는 경우 다음 각 호에 해당하는 내용이 포함되지 않도록 한다.
- 범행 방법 또는 장면에 대한 상세한 설명
- 범행에 사용된 약물의 명칭이나 성분, 제조 및 취득방법
- 과거 유사 범죄 사례에 대한 상세한 소개
- 구체적인 범행 도구를 제목에 표시

5. (성폭력 범죄보도) 취재와 보도과정에서 성범죄 피해자와 그 가족의 2차 피해를 유발하지 않도록 다음 각 호의 내용을 준수한다.
- 취재와 보도과정에서 피해자의 신상을 식별할 수 있는 정보를 공개하지 않는다.
- 성범죄 사건의 본질과 무관한 피해자의 사생활 등을 보도하지 않는다.
- 가해자 중심적 성 관념에 입각한 용어를 사용하지 않는다.
- 흥미 위주로 사건을 재연하거나 선정적인 보도를 하지 않는다.

제13조의1 (자살보도)

자살보도가 사회에 미치는 영향을 고려해 자살방법을 구체적으로 묘사하는 등 대중의 호기심을 유발하지 않도록 다음 각 호의 내용을 준수한다.
- 제목에 '자살', '스스로 목숨 끊다', '극단적 선택', '목매 숨져', '투신 사망' 등 '자살'을 의미하는 표현을 쓰지 않는다.
- 제목 및 본문에 구체적인 자살 방법, 도구, 장소, 동기 등을 보도하지 않는다.
- 자살과 관련된 사진이나 동영상은 모방자살을 부추길 수 있으므로 유의하여야 한다.
- 유명인 등의 자살사례에 대해 상세하게 보도하지 않는다.
- 자살을 미화하거나 정당화하지 않는다.
- 자살 사건을 보도할 때에는 고인의 인격과 유가족의 사생활을 존중한다.

제14조 (재난보도 및 감염병 보도)

1. (인권 보호) 재난이나 대형사건, 감염병과 관련된 사안을 취재할 때, 피해자 또는 그 가족의 안전과 인권이 침해되지 않도록 한다.
2. (예단 금지) 불명확한 내용을 사실인 것으로 단정하거나 미리 판단하여 이용자를 오인하게 해서는 안 된다.
3. (자극적 묘사 지양) 피해 현장과 피해자 등을 보도함에 있어 지나치게 자극적인 묘사를 하지 않는다.
4. (피해수습 방해 금지) 취재·보도과정에서 피해 수습을 방해하지 않도록 한다.

제3절 이해 상충

제15조 (언론인의 이해 상충)
1. (사적이익 추구금지) 인터넷신문과 그 구성원은 취재과정에서 알게 된 정보를 이용해 금전적 이익을 얻거나 손실을 회피하는 행위를 하지 않는다.
2. (주식 등 거래의 제한) 인터넷신문의 구성원은 주식 및 증권과 관련된 보도업무를 다루는 동안 주식 및 증권의 거래행위에 직간접적으로 관여하지 않는다.
3. (부당한 영향력 행사 금지) 인터넷신문의 구성원은 본인 또는 친인척의 정치적, 경제적, 사회적 이해관계가 취재 및 보도 행위에 영향을 끼치지 않도록 한다. 또한 출입처와 기업 등 취재원에 대해 부당한 영향력을 행사하지 않으며, 이를 목적으로 한 단체를 결성하거나 활동하지 않는다.
4. (부당한 영업행위 요구 금지) 인터넷신문은 보도업무에 종사하는 구성원에게 부당한 영업을 요구하지 않고, 구성원도 그러한 요구를 받아들이지 않는다.
5. (금품 수수 및 향응 요구 금지) 인터넷신문의 구성원은 취재 및 보도와 관련해 금품 또는 향응을 요구하거나 받아서는 안 된다.
6. (광고 및 협찬 강요 금지) 인터넷신문과 그 구성원은 언론사 또는 언론인의 지위를 부당하게 이용하여 광고나 협찬을 강요해서는 안 된다.

제16조 (부당게재 및 전송 금지)
1. (기사의 부당게재 금지) 기사의 조회수를 늘리기 위해 다음 각 호의 부당한 게재행위를 해서는 안 된다.
- 기사의 제목과 본문에 특정 키워드를 과도하게 포함하는 행위
- 기사의 전체 내용과 밀접한 연관이 없는 특정 키워드를 포함하는 행위
- 과거 기사를 그대로 또는 일부만 수정하여 보도하는 행위
2. (기사의 부당전송 금지) 기사의 조회수를 늘리기 위해 인터넷뉴스서비스사업자를 대상으로 다음 각 호의 부당한 전송행위를 해서는 안 된다.
- 사진, 제목, 본문, 섹션 등 모든 사항을 동일하게 중복 전송하는 행위
- 동일기사를 제목이나 섹션만을 변경하여 중복 전송하는 행위
- 기사 내 사진이나 캡션을 일부만 수정해 중복 전송하는 행위
- 기사 본문의 어미, 접속사 등을 수정한 유사기사를 중복 전송하는 행위

제17조 (기사와 광고의 분리)

1. (기사와 광고의 구분) 이용자들이 기사와 광고를 명확하게 구분할 수 있도록 해야 한다. 광고를 기사와 같은 공간에 배치할 때는 이용자가 기사로 오인하지 않도록 명확한 광고 표시를 해야 한다.
2. (광고 목적의 제한) 특정 상품이나 서비스 등을 일방적으로 홍보해 소비자의 선택을 유도하기 위한 보도를 하지 않는다.
3. (협찬 명시) 네이티브광고, 브랜디드콘텐츠, 협찬기사 등 경제적 보상 또는 후원을 받아 작성한 기사나 콘텐츠는 일반보도 기사와 명백히 구별되도록 표시해야 한다.

제17조의1 (이용자 보호)

이용자가 건강 및 재산상의 피해를 입지 않도록 다음 각 호를 준수한다.

- 의료인·의료기관의 기능이나 진료방법에 관한 기사의 경우 연락처, 약도, 홈페이지 주소, 가격, 시술·수술 장면 등의 정보를 명시하지 않는다.
- 부동산 분양이나 가맹점 모집에 관한 기사의 경우 수익률, 투자안전성 등을 단정적으로 표현하지 않는다.
- 주식에 관한 기사의 경우 수익률이나 투자 안전성을 강조하거나, 관련 카페, 사이트 등의 링크를 걸지 않는다.
- 식품, 의약품, 공산품 등에 관한 기사의 경우 건강, 의료, 안전 등의 기능 및 효과를 구체적 근거 없이 허위로 소개하거나 과장하는 내용을 포함하지 않는다.

제4절 이용자 참여 및 피해구제

제18조 (이용자 참여)

1. (이용자 참여 및 이용보장) 이용자들의 참여를 보장하고 콘텐츠 및 홈페이지 등을 지속적으로 관리하여 이용자의 편익을 도모한다.
2. (이용자 게시글의 보호) 표현의 자유를 존중하여 이용자가 작성한 댓글 등 게시글을 보호한다. 법령에 근거하여 불법 또는 유해 콘텐츠로 판단되는 경우가 아닌 한 삭제나 노출제한을 하지 않는다.
3. (다양한 정보접근의 보장) 하이퍼링크 등 다양한 방식으로 기사와 관련된 정보에 이용자가 접근할 수 있도록 노력한다.

제19조 (이용자 피해구제)
1. (피해자 의견 청취) 보도로 인해 피해를 입었다고 주장하는 당사자가 있을 경우 그 의견을 가능한 한 직접 듣고 피해구제를 위해 노력한다.
2. (신속한 오보 수정) 오보 등이 확인된 경우 최대한 신속하게 기사 내용을 수정한다.
3. (반론 또는 정정보도문 게재) 반론 또는 정정보도문을 게재하는 경우 이에 대한 접근 및 접속이 용이하도록 편집에서 배려한다.

제20조 (자동생성기사의 출처 명시)
인공지능기술 등을 이용하여 자동화된 방식으로 기사를 작성한 경우 이용자들이 해당 기사가 기계에 의해 만들어졌음을 인지할 수 있도록 기사 작성 주체를 명시해야 한다.

제3장 보칙

제21조 (언론윤리교육)
언론윤리와 관련한 교육프로그램을 개발 및 운영하도록 노력한다.

제22조 (각종 준칙의 준용)
인터넷신문윤리강령 및 인터넷신문 기사심의규정에서 규정하지 않은 사항은 관련 보도준칙(선거여론조사 보도준칙, 재난보도준칙, 감염병보도준칙, 자살보도 권고기준 3.0 등)을 준용한다.

제23조 (제·개정)
인터넷신문윤리강령 및 인터넷신문 기사심의규정의 제·개정은 서약사의 의견수렴 후에 인터넷신문윤리위원회 이사회의 의결로 정한다.

제24조 (시행을 위한 세부사항)
이 규정을 시행하는데 필요한 세부적인 사항 및 기타 필요한 사항은 인터넷신문윤리위원회 위원장이 정한다.

제4장 부칙

제1조 (시행)
이 심의규정은 이사회의 승인을 거쳐 선포한 날로부터 시행한다.

중앙선거여론조사심의위원회 조사결과 공표·보도

출처: 중앙선거관리위원회

- **공표의 의미**
  - 보도자료 배포, 선거홍보물 게시, 문자메시지, SNS, 인터넷 게시
  - 기타 불특정 다수의 선거구민에게 전파될 가능성이 있는 경우
    ※ 선거여론조사 결과가 기사화될 것을 예상하여 기자와 나눈 대화 등

- **함께 공표·보도하여야 할 사항**
  - 최초 공표·보도
    ① 조사의뢰자
    ② 선거여론조사기관
    ③ 조사지역
    ④ 조사일시
    ⑤ 조사대상
    ⑥ 조사방법
    ⑦ 표본의 크기
    ⑧ 피조사자 선정방법[전화조사의 경우 유·무선(RDD, 휴대전화 가상번호 등) 응답비율을 포함한다]
    ⑨ 응답률
    ⑩ 표본오차
    ⑪ 질문내용
    ⑫ 권고 무선 응답비율(전화조사에서 무선전화 응답비율이 100분의 60에 미달한 때에 한함)

  - 인용 공표·보도
    ① 조사의뢰자
    ② 선거여론조사기관
    ③ 조사일시
    ④ 조사방법

⑤ 그 밖의 사항은 중앙선거여론조사심의위원회 홈페이지 참조

- **다수의 선거여론조사 분석결과의 공표·보도**
  공표 또는 보도된 다수의 선거에 관한 여론조사결과를 분석하여 정당 또는 후보자의 지지도 등을 추정한 결과를 공표·보도할 때 함께 공표·보도할 사항
  ① 분석의뢰자
  ② 분석기관·단체
  ③ 분석대상(기간, 건수, 출처)
  ④ 분석방법
  ⑤ 각 여론조사 내용은 중앙선거여론조사심의위원회 홈페이지 참조
  ※ 분석결과의 객관성·공정성을 확인할 수 없는 어휘나 문장을 사용하여서는 안됨

■ 공표·보도 관련 제한·금지 사항
  - 누구든지 선거여론조사결과를 왜곡하여 공표 또는 보도할 수 없음.
  - 누구든지 중앙심의위원회 홈페이지에 등록된 선거여론조사 결과만을 공표·보도하여야 함.
  - 관할 심의위원회가 위법하다고 결정한 선거여론조사 결과는 공표·보도할 수 없음.
    ※ 중앙심의위원회 홈페이지에 등록된 선거여론조사 결과라 하더라도 관할 심의위원회가 위법하다고 결정한 여론조사 결과는 공표·보도할 수 없음.
  - 누구든지 아래 어느 하나에 해당하는 선거여론조사결과를 해당 선거일의 투표마감시각까지 공표·보도할 수 없음
    - 정당 또는 후보자가 실시한 해당 선거여론조사
    - 심의위원회로부터 고발되거나 이 법에 따른 여론조사에 관한 범죄로 기소된 선거여론 조사기관이 실시한 선거여론조사
    ※ 해당 선거여론조사기관에 대하여 불기소 처분이 있거나 무죄의 판결이 확정된 때에는 공표 또는 보도 가능
    - 선거여론조사기관이 아닌 여론조사기관·단체가 실시한 선거여론조사
  - 누구든지 선거일 전 6일부터 선거일의 투표마감시각까지 선거에 관하여 정당에 대한 지지도나 당선인을 예상하게 하는 여론조사의 경위와 그 결과를 공표하거나 인용하여 보도할 수 없음.
  - 방송·신문·통신·잡지 그 밖의 간행물을 경영·관리하는 자 또는 편

집·취재·집필·보도하는 자는 다음에 해당하는 행위를 할 수 없음.
- 특정 후보자를 당선되게 하거나 되지 못하게 할 목적으로 선거에 관하여 허위의 사실을 보도하거나 사실을 왜곡하여 보도 또는 논평을 하는 행위
- 여론조사결과 등과 같은 객관적 자료를 제시하지 아니하고 선거결과를 예측하는 보도를 하는 행위

■ 공표·보도 관련 사항 위반 시 처벌

- 누구든지
① 정당 또는 후보자가 실시한 해당 선거여론조사 결과를 공표·보도한 행위
② 심의위원회로부터 고발되거나 이 법에 따른 여론조사에 관한 범죄로 기소된 선거여론조사기관이 실시한 선거여론조사를 공표·보도한 행위
③ 선거여론조사기관이 아닌 여론조사기관·단체가 실시한 선거여론조사 결과를 공표·보도한 행위

3년 이하의 징역 또는 600만원 이하의 벌금(§256)

① 선거여론조사결과를 왜곡하여 공표 또는 보도한 행위

5년 이하의 징역 또는 300만원 이상 2천만원 이하의 벌금(§252)

① 선거여론조사기준으로 정하는 사항을 함께 공표·보도 하지 않은 경우
② 홈페이지에 등록되지 아니한 선거여론조사결과를 공표·보도한 자
③ 선거여론조사기준을 따르지 아니하고 선거여론조사 결과를 공표 또는 보도한 행위

3천만원 이하의 과태료 부과(§261)

- 방송·신문·통신·잡지 그 밖의 간행물을 경영·관리하는 자 또는 편집·취재·집필·보도하는 자

① 특정 후보자를 당선되게 하거나 되지 못하게 할 목적으로 선거에 관하여 허위의 사실을 보도하거나 사실을 왜곡하여 보도 또는 논평을 하는 행위

② 여론조사결과 등과 같은 객관적 자료를 제시하지 아니하고 선거결과 예측보도 행위

7년 이하의 징역 또는 500만원 이상 3천만원 이하의 벌금(§252)

미디어와 뉴스

2024년 3월 1일 초판 1쇄 인쇄
2024년 3월 5일 초판 1쇄 발행

저　자	사은숙 · 著
발 행 처	도서출판 에듀컨텐츠휴피아
발 행 인	李 相 烈
등록번호	제2017-000042호 (2002년 1월 9일 신고등록)
주　소	서울 광진구 자양로 28길 98, 동양빌딩
전　화	(02) 443-6366
팩　스	(02) 443-6376
e-mail	iknowledge@naver.com
web	http://cafe.naver.com/eduhuepia
만든사람들	기획 · 김수아 책임편집 · 이진훈 이은미 하지수
	디자인 · 유충현 / 영업 · 이순우

ISBN　978-89-6356-419-7 (93070)
정　가　15,000원

ⓒ 2024, 사은숙, 도서출판 에듀컨텐츠휴피아

이 책은 저작권법에 따라 보호받는 저작물이므로 무단전재와 무단복제를 금지하며, 책 내용의 전부 또는 일부를 이용하려면 반드시 저작권자 및 도서출판 에듀컨텐츠휴피아의 서면 동의를 받아야 합니다.